本书编写组

主　编　　侯安春

副主编　　王艳军　庞建国　高天玉

编委会其他成员：

崔　嵩	邓创业	邓成功	高维阳	高艳伟
谷保华	刘建容	刘敬文	刘志江	李红超
吕　飞	聂兴强	邱艾丽	邵永忠	孙维学
师　铭	孙德贞	孙诗栋	王剑虹	王　勇
徐宪江	徐淑明	袁绍通	杨修强	张忠斌
章佳蓉	张吉涛	朱国英	朱庆良	詹素娟

一生的法律权利

主　编　侯安春
副主编　王艳军　庞建国　高天玉

人民出版社

责任编辑：邓创业

装帧设计：胡欣欣

图书在版编目（CIP）数据

一生的法律权利／侯安春 主编．－北京：人民出版社，2015.10

ISBN 978－7－01－015192－2

I. ①一⋯ II. ①侯⋯ III. ①公民权－基本知识－中国 IV. ① D921

中国版本图书馆 CIP 数据核字（2015）第 211562 号

一生的法律权利

YISHENG DE FALÜ QUANLI

侯安春 主编

王艳军 庞建国 高天玉 副主编

人民出版社 出版发行

（100706 北京市东城区隆福寺街 99 号）

北京市通州兴龙印刷厂印刷 新华书店经销

2015 年 10 月第 1 版 2015 年 10 月北京第 1 次印刷

开本：710 毫米 ×1000 毫米 1/16 印张：19

字数：260 千字

ISBN 978－7－01－015192－2 定价：38.00 元

邮购地址 100706 北京市东城区隆福寺街 99 号

人民东方图书销售中心 电话（010）65250042 65289539

前　言

　　法律是调整社会不可或缺的手段。我们每个人都生活在法律的世界当中，是法律保护着我们每一个人的成长，是法律赋予我们每一个人应有的社会权利，是法律给予我们坚实的维权的力量！

　　我们从还在娘胎里的时候，就与法律沾上了边，便具有了法律所赋予的权利。后来，法律权利便伴随了我们一生。遗憾的是，有些不懂法的人，不知道自身具有什么样的法律权利，对自己所应该具备的法律权利也是相当漠视，在其自身的合法权益受到侵害的时候，也不知拿起法律武器去维权。比如，选举权被他人剥夺浑然不知，孕妇在丈夫意外死亡分割遗产时忽略了腹中胎儿应保留的份额，哺乳几个月婴儿的女职工不知道单位不可以给其安排高强度岗位……这一切，都基于当事人不知自身法律权利的存在而吃亏。

　　为了帮助大家了解自己具有哪些法律权利，在哪个年龄段应该获得怎样的法律权利，我们特别编写了《一生的法律权利》一书，希望能给大家带来帮助。

　　下面，我们一起来看看本书的特点：

　　首先，本书在权利设置上，以年龄为主要线索。第一部分，主要讲述特定年龄的特殊权利，完全对应各个年龄段，讲述人们何时应当获得何种权利，如14—16周岁不执行行政拘留权；第二部分，主要讲述成年后不区分年龄段的法律权利，如婚姻自由权；第三部分，主要讲述不区分年龄段的普遍性法律权利，如言论出版自由权等。

　　其次，本书以案例作为引子，以案例分析的形式讲解各种权利所依托的法律知识，形象生动，娓娓道来，既满足读者学习法律知识的要求，又能通

过故事调动读者的阅读兴致。相信您在学习其中的法律权利时，一定不会感觉到枯燥。

最后，本书避开了晦涩难懂的法律术语，以通俗易懂的法律语言向大家传递法律知识，能够让完全不懂法的大众看得懂，读得清！

"无法律，不规矩"，"无权利，不维权"，法律权利是伴随我们每一个人终生的宝贵财富，是金钱等无法比拟的东西。希望我们每一个人都能知晓我们应该具有的法律权利，掌握好这些法律权利，当我们的法律权利受到威胁或者损害的时候，能适时地通过法律途径来捍卫自己的权利！

当然，因为时间有限以及创作者自身水平有限，本书难免有不妥之处，敬请批评指正！

本书编委会

2015 年 10 月

目　录

第二章　绝大多数成年人的权利
——成年后不区别年龄段的法律权利

第三章　普遍性的权利
——不区别年龄段的法律权利

第一章

特定时期的特定权利

——与各年龄段相关的法律权利

第一节　0—12周岁的法律权利

胎儿的继承份额保留权

——胎儿在出生前依法享有保留胎儿继承份额的权利

案例背景

张某与丈夫结婚之后，夫妻二人与公公、婆婆住在一起，常年一起生活难免导致婆媳矛盾的产生。张某与婆婆刘某关系一直不太融洽，但幸好有丈夫在中间做调节，这在一定程度上维系了家庭关系的和谐。结婚不久，张某怀孕了，家人都很高兴。

但在张某怀孕期间的某天，张某丈夫开车外出办事，途中与一辆货车相撞，导致其身受重伤，严重出血。虽然被送到医院抢救，但因抢救无效身亡。张某丈夫车祸身亡导致一家人的情绪以及关系都降到了最低点。张某婆婆刘某比较迷信，加上以往的婆媳矛盾，刘某与张某公开吵了起来，刘某指责张某克死了她的儿子。两人之间的矛盾到了不可调和的地步，张某决定改嫁。

在涉及张某丈夫财产分割的问题上，婆婆刘某（以下代表刘某夫妻二人）认为，张某夫妻二人的共同财产中属于其子的一部分应当由自己与张某平分，但张某坚持自己肚子里的孩子也有继承的权利，不同意平分。刘某因

此将张某起诉到法院，请求法院依法判令被继承人的财产分割问题。法院经过审理认为，张某腹中的胎儿有权利保留继承份额，不应当依照刘某的想法分割遗产，判决张某的孩子继承张某丈夫二分之一的财产，张某与刘某共同分割另外二分之一的财产。

权利解析

胎儿的继承份额保留权，就是在分割被继承人财产的时候，如果被继承人有孩子但尚未出生的，应当依照被继承人子女应当继承的份额，为被继承人胎儿保留的继承份额，当胎儿出生的时候，依法继承。这是因为法律规定胎儿不具有民事权利能力，不能够行使继承权等民事权利，但为了保护胎儿的合法利益，我国作出保留胎儿继承份额的法律规定。

我国《继承法》第二十八条规定："遗产分割时，应当保留胎儿的继承份额。胎儿出生时是死体的，保留的份额按照法定继承办理。"这就是法律对胎儿利益的保护，但对于胎儿继承权利的保护还因为胎儿出生后是否存活而产生不同。胎儿出生后如果是活体，那么胎儿依法继承该保留份额，可以由其母亲等监护人代为保管。如果胎儿出生后是死体，那么按照法律规定，胎儿的继承份额按照法定继承办理，但并非取消胎儿继承份额保留权。

上述案例中，张某腹中的胎儿就依法享有继承份额保留权，张某丈夫的财产应当保留一定的份额给其未出生的孩子。法院的判决符合我国《继承法》的规定，刘某夫妻二人应当尊重法律，同时张某的孩子也是刘某的孙儿，即便在情理上也应当照顾到未出生的孙儿，就算刘某与张某有矛盾，也不应该夺取孙子的利益。

《中华人民共和国继承法》

第二十八条 遗产分割时，应当保留胎儿的继承份额。胎儿出生时是死体的，保留的份额按照法定继承办理。

出生时民事权利能力获得权

——孩子在出生时依法取得享受民事权利和承担民事责任的资格

案例背景

张某与丈夫结婚后几年，张某怀有了身孕。怀孕期间，张某的丈夫开车外出，但因为遭遇车祸抢救无效身亡，交通事故的责任在于对方货车司机疲劳驾驶。之后张某与肇事司机就赔偿问题进行协商，因为张某腹中还有孩子，张某便要求肇事司机承担孩子的抚养费用，但肇事司机不同意，双方无法达成一致。于是张某在向法院提起诉讼请求民事赔偿的时候，为了便于得到孩子的抚养费用，便以腹中孩子的名义向法院起诉，要求肇事司机一并承担一系列民事赔偿以及孩子出生后18年的抚养费用。理由是肇事司机造成张某丈夫死亡，导致其无法从精神和物质上照顾未出生的孩子。

但法院驳回了张某的诉讼请求，理由是未出生的孩子不具有民事权利能力，不是民事法律关系的主体，不能以胎儿的名义提起诉讼。因此，法院依法裁定驳回张某的起诉。

张某不服，自己腹中的孩子既然能够继承其父的遗产，为什么不能够请求赔偿，未出生不代表不出生，法院如此规定是不是太死板了？如果孩子出生之后自己再次提起诉讼，法院是否可以受理，民事权利能力到底是什么？张某疑虑重重，但仍旧想维护自己腹中孩子的权利。

权利解析

民事权利能力，就是法律赋予民事主体从事民事活动的权利，即享有民事权利，承担民事义务的资格。依据我国《民法通则》第九条的规定，公民从出生时起到死亡时止，具有民事权利能力，依法享有民事权利，承担民事义务。民事权利能力开始于出生，终结于死亡。这就意味着在我国，婴儿在出生时享有民事权利能力的获得权。孩子出生不仅在生物意义上是新生命的诞生，在民法意义上也是民事主体的诞生，依法享有民事权利，承担民事义务。

此外，根据我国民事诉讼法的相关规定，提起民事诉讼的主体应当具有民事权利能力，这是最基本的民事诉讼主体资格。胎儿在我国法律上不具有民事权利能力，不享有民事权利，也不承担民事义务，因此没有提起民事诉讼的资格。当婴儿出生后，才获得民事权利能力，才具有了提起民事诉讼的资格，其监护人才可以以婴儿的名义提起民事诉讼。

综上所述，案例中的张某是不可以以腹中胎儿的名义提起民事诉讼，向肇事司机要求民事赔偿的。但张某可以以自己的名义提起诉讼，要求肇事司机承担自己孩子的抚养费用。只是一个民事主体资格的问题，稍微转换一下思路就可以解决，法律始终是保护公民合法权益的。

权利依据

《民法通则》

第九条 公民从出生时起到死亡时止，具有民事权利能力，依法享有民事权利，承担民事义务。

孕妇不适用死刑权

——审判时怀孕的妇女，不适用死刑

案例背景

某女子胡某，伙同赵某等三人为劫取财物共杀害5人，造成了极其严重的危害结果。侦查人员将其逮捕并关押于看守所。胡某听说怀孕的妇女不会被判死刑，于是请求看守所的工作人员王某与其发生性关系，并许诺只要自己怀孕就会支付王某丰厚的报酬。王某答应了胡某的请求。至案件交付审判时，胡某向法庭声称自己已经怀孕。经鉴定，胡某的确已经怀孕1个月。胡某虽然钻了法律的空子，但是无奈，法院只能依法对其不适用死刑。

权利解析

我国《刑法》第四十九条第一款规定，审判时怀孕的妇女及未满18周岁的未成年人不适用死刑。对于妇女而言，除怀孕期间不能适用死刑，妇女在羁押期间流产了以及分娩后，也不能适用死刑。这是法律基于人道主义的表现。妇女犯罪后，应该得到应有的惩罚，但是其腹中的胎儿是无罪的，是一条生命，任何人都不得非法夺取他人的生命，所以，因腹中胎儿的存在，使得本应该被判处死刑的孕妇得到了相应的"豁免"。案例中，虽然胡某在被羁押后与他人发生性关系而导致怀孕，但并不影响"审判时怀孕的妇女不适用死刑"的规定。

权利依据

《中华人民共和国刑法》

第四十九条 犯罪的时候不满十八周岁的人和审判的时候怀孕的妇女，不适用死刑。

审判的时候已满七十五周岁的人，不适用死刑，但以特别残忍手段致人死亡的除外。

母亲婚姻稳定权

——婴儿1周岁以内时，父亲不得向母亲提出离婚

案例背景

2010年1月1日，陈某与胡某在家人的催促下，步入了婚姻的殿堂。

刚结婚的时候，两人什么也没有，在南京租最便宜的房子居住，省吃俭用。2013 年，两人的努力终于有了成效，陈某和胡某也有了一定的积蓄。随后在双方父母的资助下，夫妻两人在南京按揭购买了一处两居室，终于有了一个属于自己的小窝。房子有了，生活渐渐稳定下来，两人便将生育宝宝提上了日程，只是陈某一直没有怀孕。胡某没有给陈某任何压力，还是像往常一样体贴照顾陈某，陈某也一直以为自己可以一直这样幸福地生活下去，有爱自己的丈夫，将来还有两人爱情的结晶。谁知，陈某在一次外出时，无意间发现胡某与一陌生女子亲密地逛街。在陈某的质问下，胡某承认他爱上了那个陌生女人，并向陈某提出离婚。此时，陈某意外地发现自己竟然已经怀孕近 3 个月了。于是，将此事告诉了胡某，为了挽救即将破碎的家庭，挽救自己的爱情，陈某拿出法律规定来警告丈夫，妻子怀孕期间，丈夫是不能提出离婚的。胡某迫于无奈，只好将离婚计划搁浅。

权利解析

根据我国《婚姻法》第三十四条的规定，女方在怀孕期间、分娩后 1 年内或中止妊娠后 6 个月内，男方不得提出离婚。女方提出离婚的，或人民法院认为确有必要受理男方离婚请求的，不在此限。本条法律说明三个问题：一是男方在女方怀孕期间、分娩后一年内或中止妊娠后六个月内，不得提出离婚请求。也就是说，在上述时间内，男方没有提出离婚请求的权利；二是女方在上述时间内，提出离婚的请求，人民法院可以受理；三是男方在上述时间内的离婚请求只有在特殊情况下提出，并经人民法院确认有必要时，才可以受理。这就不难看出，法律之所以这样规定，目的就是为了从根本上明确对妇女儿童的保护，体现了在特定期间内对妇女、胎儿和婴儿的特殊保护。怀孕期间的妇女，因其身体、生理、心理等各个方面不同程度地发生变化，随时需要有人照顾，而丈夫是最了解妻子的人，怀孕期间有丈夫陪伴也有利于母亲与胎儿的身心健康。如果在此期间男方提出离婚，对女方的身心健康和胎儿、婴儿的健康都将产生极为不利的影响。所以，法律对该期间内男方的起诉权作了限制。

但是，女方怀孕期间男方不得提出离婚并不是绝对的，而是相对的，在特殊条件下，出于对男女双方利益的综合考虑，法律允许男方提出离婚。这些情况主要有：（1）女方怀孕系婚后与他人通奸所致；（2）男方受虐待，不堪忍受的；（3）一方对他方有危害生命、人身安全等情形的。

需要注意的是，该项法律规定，限制的只是男方在一定期限内的起诉权，而不是否定和剥夺男方的起诉权。在该限制条件不存在或是上述期限届满之后，男方仍然可以起诉离婚。该规定只是在一定程度上推迟了男方提出离婚诉讼的时间，并不涉及准予或不准予离婚的实体性问题。但是依据法律规定男方在此期间不能提起离婚诉讼也并不是绝对的，如果人民法院认为"确有必要"，也可以根据具体情况受理男方的离婚诉讼请求。只是所谓"确有必要"的具体情况是什么，在法律上没有具体详细的规定，也没有具体的标准，这只能由人民法院依据自由裁量权予以确定了。

权利依据

《中华人民共和国婚姻法》

第三十四条 女方在怀孕期间、分娩后一年内或中止妊娠后六个月内，男方不得提出离婚。女方提出离婚的，或人民法院认为确有必要受理男方离婚请求的，不在此限。

母亲获得劳动保护权

——其婴儿一周岁以内时，不能被安排高强度劳动、加班等的权利

案例背景

胡某和田某夫妻两人都是太原市的外来务工人员，大学毕业后，他们两人便同时入职了国内某制造企业的太原市制造厂区，是厂区流水线上的普通工人，现已工作三年了。2014年11月，他们生育了孩子丁丁。这期间田某依法享受了休假权利。休假完毕后，田某在2015年3月就上了班。

2015年4月，因某著名品牌手机的订单量突增，为了能按时完成订单任务，公司强制要求员工每天必须加夜班，即使周六日也不得休息。田某因孩子不满6个月，需要照顾为由拒绝了单位的加班要求，结果田某第二天上班时接到了开除通知，单位以不服从管理为由，单方面解除了和田某的劳动合同。田某不服，找公司领导理论，要求公司继续履行劳动合同或者支付赔偿金，公司领导以田某违反公司加班要求为由，认为田某违反劳动合同在先，拒绝了田某的要求。

田某经咨询律师后，将公司告上了法庭。人民法院经过审理后认为，被告公司违反劳动法规定，强制要求孩子不满6个月的原告田某加班，且在原告拒绝被告不合理的要求后，滥用劳动者不服从管理的单方解除权，擅自单方面解除与原告的劳动合同。据此判决被告向原告以2倍的经济补偿标准支付赔偿金。

权利解析

母亲获得劳动保护权，是指母亲在哺乳期内依法享受特殊劳动保护的权利，比如在哺乳未满一周岁的婴儿期间，母亲就不得被安排从事法律规定的高劳动强度的劳动和其他禁止从事的劳动。这一权利是秉承保护妇女儿童权益的原则，立足于对女职工权益保护的出发点，充分考虑女性身体发展情况而确立的，这是我国法律面前人人平等的一种表现。

根据我国《劳动法》第六十三条规定，在女职工哺乳未满一周岁的婴儿期间，用人单位是不得安排其从事国家规定的第三级体力劳动强度的劳动和哺乳期禁忌从事的其他劳动，也不得安排其延长工作时间和进行夜班劳动的。此条规定，一方面是考虑到女职工刚刚经历了孕期、产期，现正在进行哺乳，身体需要恢复和休息，是对女职工的保护；另一方面，由于女职工的身体等情况会影响到哺乳期的孩子，所以这也是间接地对婴儿的保护。这种向母亲劳动倾斜性的法律强制保护，有力地保障了我国广大女职工的合法权益。

除此之外，对于因此而与女职工解除劳动关系的用人单位，我国法律给予了严厉的惩罚和打击。我国《劳动合同法》第八十七条规定，用人单位违法解除或者终止劳动合同的，应当依照经济补偿标准的2倍向劳动者支付赔偿金。上述案例中，法院确认被告公司违反劳动法规定，并擅自单方面解除与原告的劳动合同而判决被告向原告以2倍的经济补偿标准支付赔偿金的判决是完全符合法律规定的，正是我国法律保护母亲劳动权利的体现。

《中华人民共和国劳动法》

第六十三条 不得安排女职工在哺乳未满一周岁的婴儿期间从事国家规定的第三级体力劳动强度的劳动和哺乳期禁忌从事的其他劳动，不得安排其延长工作时间和夜班劳动。

《中华人民共和国劳动合同法》

第四十七条第一款 经济补偿按劳动者在本单位工作的年限，每满一年支付一个月工资的标准向劳动者支付。六个月以上不满一年的，按一年计算；不满六个月的，向劳动者支付半个月工资的经济补偿。

第八十七条 用人单位违反本法规定解除或者终止劳动合同的，应当依照本法第四十七条规定的经济补偿标准的二倍向劳动者支付赔偿金。

母亲治安管理行政拘留豁免权

——婴儿1周岁以内时，其哺乳的母亲不执行治安管理行政拘留处罚的权利

案例背景

28岁的马某经人介绍与30岁的朱某结成夫妻。因两人均是再婚，且与前任离异后又均未带养子女，为确保两人日后老有所依，两人决定再生育个孩子。婚后马某很快怀孕了，在朱某的建议下，马某辞职在家专心养护胎

儿。怀孕五个月的时候，马某偶然间听到邻居谈论朱某和其女秘书最近常常成双成对出现在小区，暧昧不清。为了腹中孩儿，马某没有对朱某发难。

2015 年 5 月，马某诞下孩子 100 天后，其就每日悄悄尾随着朱某。在掌握了基本的情况后，为了挽救自己的二次婚姻，马某在 17 日这天独自一人来到了朱某的女秘书王某家门口，决定找王某谈谈。王某见到马某，听闻马某来意后，拒不让马某进入自己家中。后来马某用力推开门强行进入了王某家，王某就立马拨打了 110 报警，拒不与马某交谈。两人因此争执起来，马某生气极了，愤怒之下就殴打了王某。公安机关民警接警而来，拉开了正在殴打王某的马某，并将王某送往了医院清洗血迹，包扎伤口。

公安机关经过调查取证以及对王某的伤情鉴定，确定了马某非法侵入王某住宅，殴打伤害王某的事实，对马某作出了拘留 10 日、罚款 800 元的治安处罚决定，且因马某正在哺乳自己不满一周岁婴儿，公安机关同时决定对其不执行行政拘留处罚。

权利解析

母亲治安管理行政拘留豁免权，是指哺乳一周岁以内婴儿的母亲，有违反治安管理行为依法应当给予行政拘留处罚时，法律特别规定对其予以豁免而不执行行政拘留处罚的权利。这是我国法律对哺乳自己不满一周岁婴儿的妇女的权益保护的特殊规定。

根据我国《治安管理处罚法》第二十一条规定，怀孕或者哺乳自己不满一周岁婴儿的 违反治安管理的妇女，依法应当给予行政拘留处罚的，不执行行政拘留处罚。这一规定的基本出发点是照顾妇女和儿童的权益。马某未经王某同意，强行闯入王某住宅，并殴打了王某，已经违反了我国治安管理处罚法的规定，依照该法第四十条、第四十三条的规定，应当被处以行政拘留处罚。但是同时，因为马某特殊的母亲身份和哺乳职责，其需要哺乳自己不满1周岁婴儿，所以又被豁免执行本应被执行的拘留处罚。

上述案例中公安机关作出拘留处罚又同时决定不执行拘留处罚的决定行为，正是体现了国家对于哺乳1周岁以内婴儿的母亲的治安管理行政拘留豁免权的权利保护，是完全符合我国法律规定的。

权利依据

《中华人民共和国治安管理处罚法》

第二十一条 违反治安管理行为人有下列情形之一，依照本法应当给予行政拘留处罚的，不执行行政拘留处罚：

（一）已满十四周岁不满十六周岁的；

（二）已满十六周岁不满十八周岁，初次违反治安管理的；

（三）七十周岁以上的；

（四）怀孕或者哺乳自己不满一周岁婴儿的。

第四十条 有下列行为之一的，处十日以上十五日以下拘留，并处五百元以上一千元以下罚款；情节较轻的，处五日以上十日以下拘留，并处二百元以上五百元以下罚款：……

（三）非法限制他人人身自由、非法侵入他人住宅或者非法搜查他人身体的。

第四十三条第一款 殴打他人的，或者故意伤害他人身体的，处五日以上十日以下拘留，并处二百元以上五百元以下罚款；情节较轻的，处五日以下拘留或者五百元以下罚款。

母亲不适用强制隔离戒毒权

——怀孕或者正在哺乳不满 1 周岁婴儿的 妇女不适用强制隔离戒毒

案例背景

领乡村是远近闻名的"毒村",这是因为这个村子里有很多年轻人在贩毒、吸毒,仅去年抓到的贩毒人员就有 8 个。领乡村周围村子里的人害怕受到毒品影响都不愿意与领乡村的人有什么往来关系,领乡村内有能力的家庭也都搬出了领乡村,领乡村的人可谓只出不进,成了名副其实的"毒孤岛"。

今年 25 岁的小丽在丽天市打工的时候认识了比她大两岁的小东,两人很合拍,于是小丽决定跟小东回他的家乡——领乡村结婚。小丽并不知道关于领乡村的各种说法,她只是单纯地被幸福笼罩着。结婚当晚闹洞房的时候,同村的小强拿出一包白色的粉末要求小丽和小东吸食,并告诉小丽这是生面粉,当地的习俗,结婚当晚要吃生面粉预示着早生贵子。小丽欣然接受了,但接下来的反应让她认识到了这根本不是什么面粉,这就是毒品。从此以后,小丽吸毒一发不可收拾,虽然她特别想控制自己不让自己吸毒,也讨厌自己吸毒的样子。但每当毒瘾上来时,那种生不如死的感觉折磨得她又乖乖地走向了毒品,她的毒瘾越来越严重。在他们一块吸毒的一天,警方得到了线报,把小丽在内的 5 人抓了个现行。当地公安局认为他们 5 人吸毒成瘾严重,通过社区戒毒难以戒除,直接决定对他们强制隔离戒毒。随后,当他们进入强制隔离戒毒所时,工作人员首先对他们做了身体检查,发现小丽怀有三个月的身孕。工作人员马上将这一检查结果上报公安局,公安局当即撤销了关于对小丽强制隔离戒毒的决定，对其进行社区戒毒。

权利解析

对怀孕或者正在哺乳自己不满1周岁婴儿的妇女不适用强制隔离戒毒，是为了照顾、保护胎儿以及婴儿的人身权利，也为了保障怀孕期或哺乳期妇女的人身权利，照顾弱势群体，对于怀孕或者正在哺乳不满1周岁婴儿的妇女，她们拥有不适用强制隔离戒毒的权利。这一权利具体表现在我国《禁毒法》第三十九条第一款，即怀孕或者正在哺乳自己不满1周岁婴儿的妇女吸毒成瘾的，不适用强制隔离戒毒。注意这里的"不适用"是肯定不能适用，区别于不满16周岁的未成年人吸毒成瘾的可以不适用强制隔离戒毒。

在这个案例中，当地公安局的做法正是符合了这一规定。本来按照我国《戒毒法》第三十八条第二款的规定，即对于吸毒成瘾严重，通过社区戒毒难以戒除毒瘾的人员，公安机关可以直接作出强制隔离戒毒的决定。小丽是可以被强制隔离戒毒的，但因为其后来被查出怀有身孕，因此就不适用这条规定了，而是适用第三十九条，即对其进行社区戒毒。

权利依据

《中华人民共和国禁毒法》

第三十八条第二款 对于吸毒成瘾严重，通过社区戒毒难以戒除毒瘾的人员，公安机关可以直接作出强制隔离戒毒的决定。

第三十九条 怀孕或者正在哺乳自己不满一周岁婴儿的妇女吸毒成瘾的，不适用强制隔离戒毒。不满十六周岁的未成年人吸毒成瘾的，可以不适用强制隔离戒毒。

对依照前款规定不适用强制隔离戒毒的吸毒成瘾人员，依照本法规定进行社区戒毒，由负责社区戒毒工作的城市街道办事处、乡镇人民政府加强帮助、教育和监督，督促落实社区戒毒措施。

6周岁获得义务教育权
——义务教育小学阶段开始

案例背景

由于小时候一场交通事故，导致7岁的晓明失去了右小臂，但是，他并没有因此消沉，在爸爸妈妈的帮助下，晓明学会了用左手吃饭写字，并且还会一只手穿衣服、鞋子等，生活完全可以自理。在新的学期开始的时候，晓明的爸爸妈妈认为晓明已经到了该上小学的年纪，他们想让晓明像同龄的孩子一样可以坐在教室里学习，因此打算给晓明在镇上的公办小学报名，让晓明可以上学。但是，学校却拒绝接收晓明入学，原因是晓明是残疾人，跟其他学生不同，学校没办法教育、照顾他。晓明的爸爸妈妈认为这是不公平的，这严重伤害了晓明的自尊心还有他们的情感。晓明虽是残疾儿童，但是生活完全可以自理，不会给他人带来什么麻烦，而且晓明有受教育的权利。晓明的父母不知道该怎么办，他们去找了当地教育局，教育局不予理睬。怎样才能让晓明上学呢？好心的邻居帮他们问了在做律师的亲戚。律师建议晓明父母拿起法律武器维护晓明的权利，就这样学校被告上了法庭，法院最终判决学校向晓明一家人赔礼道歉，并且准许晓明入学。

权利解析

受义务教育权，指的是凡具有中华人民共和国国籍的适龄儿童、少年，不分性别、民族、种族、家庭财产状况、宗教信仰等，依法享有的平等接受义务教育的权利。依据我国《义务教育法》第五条的规定，上到各级政府及其有关部门，下到依法实施义务教育的学校以及适龄儿童、少年的父母或其他法定监护人，都应当保障适龄儿童、少年接受义务教育的权利。另外，社会组织和个人都应当为适龄儿童、少年接受义务教育创造良好的环境。可见，我们国家对儿童、少年接受义务教育权利的重视。

在上述案例中，镇上的公办小学作为依法实施义务教育的学校，因为晓明是残疾儿童而歧视他，不让他入学，这侵犯了我国《义务教育法》第四条规定的平等接受义务教育的权利。此外，当地教育局不予理睬的做法也违反了我国《义务教育法》第五条的规定，相关人员应该受到批评处罚。

权利依据

《中华人民共和国义务教育法》

第四条 凡具有中华人民共和国国籍的适龄儿童、少年，不分性别、民族、种族、家庭财产状况、宗教信仰等，依法享有平等接受义务教育的权利，并履行接受义务教育的义务。

第五条 各级人民政府及其有关部门应当履行本法规定的各项职责，保障适龄儿童、少年接受义务教育的权利。

适龄儿童、少年的父母或者其他法定监护人应当依法保证其按时入学接受并完成义务教育。

依法实施义务教育的学校应当按照规定标准完成教育教学任务，保证教育教学质量。

社会组织和个人应当为适龄儿童、少年接受义务教育创造良好的环境。

10 周岁获得限制民事行为能力权

——10 周岁至 18 周岁是拥有限制民事行为能力的阶段

案例背景

2012 年的时候，鹏鹏 11 岁，在新乡小学上四年级。鹏鹏的父母都在市郊的一家农作物研究所工作，平时早上去晚上回，中午的时候是没有时间和机会回来照看鹏鹏的。因此，鹏鹏的妈妈为他报了学校附近一个小学退休老师设立的"小饭桌"。"小饭桌"的内容就是在中午时段照顾送到这里的孩子，给他们提供饮食和休息。鹏鹏的妈妈和小饭桌的创办者李老师达成了让鹏鹏中午在"小饭桌"吃饭、休息的共识，鹏鹏妈妈每月交 600 元费用。而鹏鹏的伙食标准则是每天一荤两素，饭后一瓶牛奶。就这样，鹏鹏一直在李老师的"小饭桌"吃饭、休息，直到鹏鹏六年级。然而就在鹏鹏小学即将毕业的时候，李老师拿着鹏鹏写的一张赠送书和一张欠条来找鹏鹏的妈妈要鹏鹏的一个玩具和钱。赠送书的主要内容是：鹏鹏看到李老师的孙子楠楠很喜欢自己的遥控汽车，要在楠楠 5 岁生日（即 2014 年 6 月 20 日）时把遥控汽车送给他。欠条的主要内容是，鹏鹏在"小饭桌"的两年多里，每天除了按照双方协定的内容外，鹏鹏还会要求吃各种零食，根据统计估算，这种花费达到 1600 多元，鹏鹏欠李老师 1600 多元，欠条尾部还有鹏鹏的签字，而签字的时间是 2014 年 6 月 10 日。鹏鹏的妈妈认为，鹏鹏不会将自己喜欢的玩具送给别人，另外鹏鹏在"小饭桌"期间每月的费用，她都按时交付了，而且这张欠条的真实性很让人怀疑，因此她没有按李老师的要求给她遥控汽车以及 1600 多元。李老师拿着赠送书、欠条将鹏鹏一家人告上了法庭。

法院经审理认为，首先，鹏鹏作为限制民事行为能力人已经具有了从事部分民事活动的能力和权利，而且询问了鹏鹏本人后证实鹏鹏确实想把遥控汽车送给楠楠。其次鹏鹏写的数额为 1690 元的欠条，已经超出了他的能力范围，属于无效民事行为，不具有法律约束力，因此法院判决支持李老师要求获得遥控汽车的请求，但是不予支持其要求偿还 1690 元的诉讼请求。

权利解析

依据我国《民法通则》第十二条规定，限制民事行为能力权，指的是 10 周岁以上的未成年人享有的可以进行与他的年龄、智力相适应的民事活动的权利。其他的民事活动要由他的法定代理人代理或者征得其法定代理人的同意才可以进行。因为，10 周岁以上的未成年人可以单独从事的民事活动是有限制的，因此其拥有的是限制民事行为能力权，10 周岁以上的未成年人是限制民事行为能力人。限制民事行为能力权，只包括实施独立一部分民事活动的权利。

在上述案例中，法院的判决恰好体现了这一规定的两个方面。首先，鹏鹏作为限制民事权利能力人，赠送小朋友玩具并没有超出他的年龄、智力范围，因此他有这个能力和权利，赠送行为是有效的。其次，对于书写 1690 元的欠条，则属于与鹏鹏的年龄、智力不相适应的其他民事活动，鹏鹏在没得到其父母的同意下进行了这一行为，是无效的，不具有法律约束力。

《中华人民共和国民法通则》

第十二条 十周岁以上的未成年人是限制民事行为能力人，可以进行与他的年龄、智力相适应的民事活动；其他民事活动由他的法定代理人代理，或者征得他的法定代理人的同意。

第五十八条第一款 第二项下列民事行为无效：（二）限制民事行为能力人依法不能独立实施的；

第二款 无效的民事行为，从行为开始起就没有法律约束力。

在父母离婚时发表意见权

——孩子在父母离婚时选择监护人的权利

案例背景

　　静静今年 13 周岁了，刚上初中，学习成绩一直不错，但是最近一段时间静静的成绩下滑得厉害。原来静静的父母由于性格不合现在正在闹离婚。静静父母争议的焦点是静静的抚养权，两个人都想抚养静静。多次协商未果，静静的父母只好对簿公堂。

　　关于静静抚养权的案子立案后，负责案件审理的李法官本着"以未成年子女利益为基准"的原则，在开庭前首先对静静进行了询问。庭审期间，静静的母亲称静静的父亲工作特别忙，经常去外地出差，而自己的工作相对来说比较清闲，基本不会离开居住地外出，她认为自己最适合拥有静静的监护权。而静静的父亲也不甘示弱地提出，静静的母亲脾气特别不好，经常会对着静静发脾气，这会严重影响静静的身心健康，并且保证自己会在和静静共同生活后调整工作状态，尽量减少出差次数。最后双方争执不下时李法官出示了静静的询问笔录，静静称想和妈妈一块生活，因为一直都是妈妈陪伴她长大。并且静静特别提出妈妈并不是天生脾气不好，是在和爸爸闹离婚后才变坏的。最后法院综合各方面因素考虑，并且认为静静已年满10周岁，有清楚的表达方式，把静静的意见作为重要依据予以采纳，认为由妈妈对静静进行抚养最有利于孩子学习和发展，于是判决静静同妈妈共同生活。

权利解析

上述案例所体现的即为孩子在父母离婚时发表意见权。

父母离婚对于子女，尤其是对未成年子女的伤害是最大的。所以法律规定父母对子女负有抚养、教育、管教、保护的权利义务（教育、管教、保护均为监护内容之一），均不因父母离婚而消除。在实践离婚案件中，孩子抚养问题的处理是以不影响孩子的健康成长为原则的，所以孩子的意见相当重要，特别是年满10周岁的孩子。

我国《民法通则》第十二条明确规定，10周岁以上的未成年人是限制民事行为能力人，可以进行与他的年龄、智力相适应的民事活动；其他民事活动由他的法定代理人代理，或者征得他的法定代理人的同意。这就是说，一般情况下，在离婚案件孩了的抚养问题上，10周岁以上的孩子法院应该征求孩子的意见然后再结合双方的情况确定孩子随谁生活。但是，未成年子女的意愿往往因其年龄及动机而有所不同，并且如父母一方对子女的意愿有强烈的影响时，法院也应对子女的意愿加以检验。

上述案例中，法院综合考虑各方面因素并征求未成年子女意见的做法，是完全符合我国法律规定的。

权利依据

《中华人民共和国民法通则》

第十二条　十周岁以上的未成年人是限制民事行为能力人，可以进行与他的年龄、智力相适应的民事活动；其他民事活动由他的法定代理人代理，或者征得他的法定代理人的同意。

不满十周岁的未成年人是无民事行为能力人，由他的法定代理人代理民事活动。

12 岁准许驾驶自行车权

——符合法定年龄可以驾驶自行车的权利

案例背景

晴晴今年 13 周岁，父母平时工作特别忙，没有时间接送其上下学，就经常给她零钱让她坐公交车。坐公交车虽然安全，也不用担心大街上的来往车辆，但是晴晴会因为赶不上公交车，经常天黑还没有到家。最近，晴晴忽然提出希望父母给她买辆自行车，因为班上有好几个同学都是骑自行车上下学,这样他们就不用担心自己挤不上公交车而回家晚了。起初晴晴的父母并不赞同给她买自行车作为交通工具,理由是晴晴年纪还小,根本不具有驾驶自行车的能力,再加上路上车辆特别多,一不小心就会磕到碰到。

由于禁不住晴晴的软磨硬泡,父母只好答应,但前提是需要向当交警的同学了解一下儿童可不可以骑车上街。父母向当交警的同学咨询后得到的答案使得晴晴喜笑颜开。原来我国《道路交通安全法实施条例》第七十二条明确规定,驾驶自行车、三轮车必须年满 12 周岁,而晴晴今年都 13 周岁了,当然可以骑自行车了。

权利解析

上述案例所体现的是儿童年满 12 周岁即可在道路上驾驶自行车的权利。

儿童骑自行车是一种很重要的体格锻炼方式,不仅可以增强孩子的活动能力,锻炼孩子的胆量,还可以促进孩子骨骼和肌肉的发育。尤其是现在孩子的学习压力大,任务重,经常没有时间锻炼身体,骑自行车就是一种很好的锻炼方式。但是根据我国《道路交通安全法实施条例》的规定,在道路上驾驶自行车、三轮车必须年满 12 周岁,这就是说我国法律赋予儿童在道路上驾驶自行车权利的法定年龄是 12 周岁。

不过现实远比法律条文要复杂得多,现代社会条件下,未成年人骑自行车,所涉及的安全问题要远远大于自身便利的权利。所以在此提醒广大家长,儿童心智尚未完全成熟,应变能力差,单独骑自行车存在极大的安全隐患。这需要我们家长能够正确引导教育,不要让不到法定年龄的孩子骑车上路的同时,也要提醒已经拥有在道路上驾驶自行车权利的孩子注意安全,骑车时要在非机动车道内行驶,没有非机动车道的靠右行驶;在横穿马路时,一定要等待信号灯,左右看看来往车辆和行人,最重要的是一定要推着自行车过马路，不要嫌麻烦，必要时可以扔车保人，因为自己的生命安全是最重要的。

交通法规是每一个人的行路指南，在交通事故面前人人平等。安全是保障儿童成长的基石。未成年人自控能力差，也缺少生活经验，应变能力差，希望家长起到监护责任。

权利依据

《中华人民共和国道路交通安全法实施条例》

第七十二条　在道路上驾驶自行车、三轮车、电动自行车、残疾人机动轮椅车应当遵守下列规定：

（一）驾驶自行车、三轮车必须年满十二周岁；

（二）驾驶电动自行车和残疾人机动轮椅车必须年满十六周岁；

（三）不得醉酒驾驶；

（四）转弯前应当减速慢行，伸手示意，不得突然猛拐，超越前车时不得妨碍被超越的车辆行驶；

（五）不得牵引、攀扶车辆或者被其他车辆牵引，不得双手离把或者手中持物；

（六）不得扶身并行、互相追逐或者曲折竞驶；

（七）不得在道路上骑独轮自行车或者二人以上骑行的自行车；

（八）非下肢残疾的人不得驾驶残疾人机动轮椅车；

（九）自行车、三轮车不得加装动力装置；

（十）不得在道路上学习驾驶非机动车。

第二节　13—17 周岁的法律权利

相对刑事责任年龄开始
——已满 14 周岁不满 16 周岁的人对故意杀人罪等应承担刑事责任

案例背景

15 岁的少年贾某在课间休息时与同班同学李某发生口角，贾某遂对李某心生不满。2013 年 11 月的一天中午，贾某纠结朋友将坐在最后一排吃午饭的李某堵住，并让李某双手抱住头部退到墙边。贾某拿出事先准备好的西瓜刀连戳李某的腹部和胸部 5 刀。当天下午，李某经抢救无效死亡。行凶后，贾某便离开了学校去网吧上网。后在父母和同学的规劝下，贾某主动到公安机关投案，并如实交代了自己的罪行。

区人民检察院以被告人贾某犯故意杀人罪向人民法院提起公诉。贾某对起诉书指控的事实没有异议，其辩护人认为贾某犯罪时未成年，系初犯，认罪态度好，且有自首情节，要求对贾某从轻或减轻处罚。人民法院经过不公开审理之后认为，被告贾某故意非法剥夺他人生命，其行为构成故意杀人罪。因其犯罪时已满 14 周岁，不满 16 周岁，且有自首情节，依法应减轻处罚，判处贾某有期徒刑 9 年。

权利解析

刑事责任年龄，是指法律规定行为人对自己的犯罪行为负刑事责任必须达到的年龄。而相对刑事责任年龄，是指对于特定年龄的未成年人对特定犯罪承担刑事责任，而对其他的危害行为不以犯罪论处，不承担刑事责任。

根据我国现行《刑法》第十七条第二款的规定，已满 14 周岁不满 16 周岁的人，犯故意杀人、故意伤害致人重伤或者死亡、强奸、抢劫、贩卖毒品、放火、爆炸、投毒罪的，应当负刑事责任。对于相对负刑事责任年龄人当然应当对这八种犯罪行为承担刑事责任，且应当以这八种罪名承担刑事责任。未成年人年龄较小，认知能力相对较弱，但是未成年人可塑性较强，易于教育改造，刑法对违法犯罪的未成年人，也始终坚持实行教育、感化、挽救的方针，坚持教育为主、惩罚为辅的原则，对其所实施的危害社会的行为应当从宽处理。因此，刑法对已满 14 周岁不满 16 周岁的未成年人的危害社会的行为一般不追究刑事责任。但考虑到维护社会公正的需要，这一年龄段的未成年人对法定的几类极其严重的危害社会行为仍然要承担刑事责任。已满 14 周岁不满 16 周岁就是刑法规定的相对刑事责任年龄。

上述案例中被告人贾某 15 岁，处于相对负刑事责任的年龄，而其实施的故意杀人行为属于刑法第十七条第三款规定的几类极其严重的危害社会行为中的一种，依法应当承担刑事责任。法院量刑正确，是完全符合我国法律规定的。

权利依据

《中华人民共和国刑法》

第十七条 已满十六周岁的人犯罪，应当负刑事责任。

已满十四周岁不满十六周岁的人，犯故意杀人、故意伤害致人重伤或者死亡、强奸、抢劫、贩卖毒品、放火、爆炸、投毒罪的，应当负刑事责任。

已满十四周岁不满十八周岁的人犯罪，应当从轻或者减轻处罚。

第二百三十二条 故意杀人的，处死刑、无期徒刑或者十年以上有期徒刑；情节较轻的，处三年以上十年以下有期徒刑。

《中华人民共和国未成年人保护法》

第五十四条 对违法犯罪的未成年人，实行教育、感化、挽救的方针，坚持教育为主、惩罚为辅的原则。

对违法犯罪的未成年人，应当从轻、减轻或者免除处罚。

治安管理处罚减轻或免除权

——不满14周岁的，不予处罚，14—18周岁，从轻或减轻处罚

案例背景

13岁的初中生孟某喜欢寻求刺激，经常与社会上的一些不良少年混在一起。在这些不良少年的引诱下，孟某学会了抽烟、喝酒。某日，青年方某以带孟某找刺激为由，将孟某带到某赌博窝点。孟某刚玩了两把，该赌博窝点便被巡逻的警察发现。

派出所民警迅速出警，一举查获了11台电玩机，并将赌博窝点依法取缔。区公安局对赌博窝点的老板处以拘留15天并罚款的处罚，对参与赌博

的成年人处以罚款、治安警告的处罚。因孟某不满14周岁，公安机关并未对其进行处罚，只是对孟某进行适当的批评教育，并责令孟某的父母对孟某严加管教。

权利解析

治安管理处罚减轻或免除权，是指依据我国《治安管理处罚法》第十二条的规定，已满14周岁不满18周岁的人违反治安管理的，从轻或者减轻处罚；不满14周岁的人违反治安管理的，不予处罚，但是应当责令其监护人严加管教。这是国家赋予未成年人的一项权利，也是国家对未成年人合法权益进行保护的一种措施。

保护公民、法人和其他组织的合法权益是治安管理处罚法的立法目的之一。治安管理处罚法的作用则是通过对各种侵犯公民、法人和其他组织的合法权益的违法行为的处罚来体现的。然而，未成年人作为社会的一个特殊群体，一方面由于其心理结构不成熟、不稳定，社会阅历浅，其抵制诱惑与判断正误、是非的能力相对较弱，容易犯错；另一方面正因为其心理结构不成熟，未成年人更易于教育改造。国家重视对未成年人在各方面的培养，重视对未成年人合法权益的保护，综合考虑，国家进一步通过法律的形式赋予未成年人可享有治安管理处罚减轻或免除权。治安管理处罚减轻权针对的是已满14周岁不满18周岁的未成年人违反治安管理的情形，而不满14周岁的未成年人违反治安管理时享有的则是免除权。

对于未成年人违反治安管理的，主要应当进行教育，使其明辨是非，这样也更有利于他们的健康成长。但是不处罚并不等于就对未成年人放任不管，使其自生自灭，因此法律规定，要责令其监护人严加管教，防止其继续危害社会，使其成为对社会有用的人。培养、教育子女本就是监护人应尽的责任和义务，监护人应依法履行管教人的职责，不应使管教流于形式，使法律形同虚设。监护人履行好管教人的职责不仅仅是对未成年人负责的体现，也是对自己、对社会、对国家负责的体现。

上述案例中，区公安局对赌博窝点的老板及参与赌博的成年人均处于不同程度的行政处罚，但未对孟某进行任何处罚，只是责令其父母对其严加管教的做法是合法的。

权利依据

《中华人民共和国治安管理处罚法》

第十二条　已满十四周岁不满十八周岁的人违反治安管理的，从轻或者减轻处罚；不满十四周岁的人违反治安管理的，不予处罚，但是应当责令其监护人严加管教。

刑事案件不公开审理权

——不满 18 周岁的人犯罪在审判时不公开审理的权利

案例背景

2012 年 11 月 5 日是李某的 16 岁生日，这晚他与朋友在外聚餐，因李某的朋友不慎将酒洒到邻桌一人身上，又不道歉还口出恶言，邻桌人也不是好惹之辈，所以就发生了矛盾。当即，两桌人决定找一空旷地"解决问题"。

在"解决问题"的过程中，李某也参与了打斗，并且不慎将一人打成重伤，送往医院经抢救无效死亡。此事惊动了公安机关，公安机关经过调查认为李某已经构成了故意伤害致人重伤的情节，而我国《刑法》规定，14—16周岁的未成年人对于故意伤害致人重伤或者死亡的案件要负刑事责任，遂将李某移交检察院审查起诉。2013年5月，一审人民法院对这起案件进行了开庭审理，但是采用了不公开审理的方式。虽然是不公开审理，但经过李某和其父母的同意，李某所就读学校的班主任到庭旁听了案件的审理。

权利解析

未成年人刑事案件不公开审理权，是指被告人在审判的时候如果不满18周岁，那么享有刑事案件不公开审理的权利。根据我国《刑事诉讼法》第二百七十四条规定，审判的时候被告人不满18周岁的案件，不公开审理。同时我国《预防未成年人犯罪法》第四十五条第二款也作出了相同的规定。需要注意的是，此处规定的是审判的时候不满18周岁，即是指在开庭审理的时候被告人不满18周岁，如果被告人犯罪时不满18周岁，开庭审理时已满18周岁就没有了此项权利，在开庭审理的时候就应该按照正常的庭审程序对其进行公开审理。另外，此处规定的不公开审理是应当不公开审理，即凡是审判的时候被告人不满18周岁的案件则一律不公开审理，没有例外的情形，如果公开审理则违背了刑事诉讼程序的规定，是违法的。如果被告人在二审中提出一审程序违反了法律规定，案件将有可能被发回重审。除此之外，根据我国《刑事诉讼法》第二百七十四条的规定，经未成年被告人及其法定代理人同意，未成年被告人所在学校和未成年人保护组织可以派代表到场。之所以会作出这样的规定，也是为了保护未成年人的合法权益，庭审时对未成年人进行批评教育，使其能够形成正确的世界观、人生观、价值观，走上正确的人生道路。

本案中，案件发生于 2012 年 11 月，此时李某 16 周岁，开庭审理于 2013 年 5 月进行，此时李某还不满 17 周岁。所以，在审判李某时，李某享有不公开审判的权利，一审人民法院对其进行不公开审理的做法是符合法律规定的，李某的班主任经李某及李某的父母同意到庭旁听并参与对李某的教育也是符合法律规定的。

权利依据

《中华人民共和国刑事诉讼法》

第二百七十四条 审判的时候被告人不满十八周岁的案件，不公开审理。但是，经未成年被告人及其法定代理人同意，未成年被告人所在学校和未成年人保护组织可以派代表到场。

《预防未成年人犯罪法》

第四十五条 人民法院审判未成年人犯罪的刑事案件，应当由熟悉未成年人身心特点审判员或者助理审判员和人民陪审员依法组成少年法庭进行。

对于审判的时候被告人不满十八周岁的刑事案件，不公开审理。

对未成年人犯罪案件，新闻报道、影视节目、公开出版物不得披露该未成年人的姓名、住所、照片及可能推断出该未成年人的资料。

14—16周岁不执行行政拘留权

——已满14周岁不满16周岁的未成年人违反
治安管理处罚法不执行行政拘留的权利

张某15周岁，在校学习成绩不好并且经常与校外的社会青年厮混在一起，还多次参与他们的结伙斗殴活动。某日，张某应社会青年的邀请再次参与社会青年的结伙斗殴活动。不巧的是，这次的结伙斗殴情况有人举报给了公安机关。公安机关接到情报后立刻赶赴现场，将正在实施的斗殴行为予以制止，并将参与斗殴的一干人等带回了公安局。公安人员经过调查，发现其中的张某只有15周岁，虽然对其结伙斗殴的行为应当给予行政拘留处罚，但是按照规定，对于已满14周岁不满16周岁的未成年人不予执行行政拘留处罚。所以，公安机关对张某仅进行了批评教育，并通知其监护人将其领回教育，并没有给予张某行政拘留处罚。但是对于其他参与结伙斗殴的成年人员，公安机关按照规定对其进行了行政拘留处罚和罚款。

14 16周岁不执行行政拘留权，是指已满14周岁不满16周岁的未成年人违反治安管理处罚法，依法应当受到行政拘留处罚时，因其是在14—16周岁之间的未成年人，而享有的不执行行政拘留处罚的权利。我国《治安管理处罚法》第二十一条规定了对违反治安管理行为人不执行行政拘留处罚的情形，即已满14周岁不满16周岁的；已满16周岁不满18周岁，初次违反治安管理的；70周岁以上的；怀孕或者哺乳自己不满1周岁婴儿的。之所以会作出已满14周岁不满16周岁的未成年人不执行行政拘留处罚的规定，是因为14—16周岁的未成年人心智还不成熟，还有很大的可塑性，因而对其应以教育、批评的方式为主，帮助其形成正确的世界观、社会观、人生观才是更重要的，而不能一味地惩罚。根据我国《治安管理处罚法》的规定，对于结伙斗殴的行为人，处5日以上10日以下的拘留，可以并处500元以下的罚款。

本案中，张某与社会青年结伙斗殴已经触犯了治安管理处罚法的相关规定，依法应当对其执行行政拘留处罚，但是，张某当时只有15周岁，正是处于14—16周岁之间，又符合我国《治安管理处罚法》关于不执行行政拘留的规定。所以公安机关对张某不予执行行政拘留处罚，仅对其进行批评教育的做法是合法合理的。

权利依据

《治安管理处罚法》

第二十一条 违反治安管理行为人有下列情形之一，依照本法应当给予行政拘留处罚的，不执行行政拘留处罚：

（一）已满十四周岁不满十六周岁的；

（二）已满十六周岁不满十八周岁，初次违反治安管理的；

（三）七十周岁以上的；

（四）怀孕或者哺乳自己不满一周岁婴儿的。

第二十五条 有下列行为之一的，处五日以上十日以下拘留，可以并处五百元以下罚款；情节较重的，处十日以上十五日以下拘留，可以并处一千元以下罚款：

　　（一）结伙斗殴的；

　　（二）追逐、拦截他人的；

　　（三）强拿硬要或者任意损毁、占用公私财物的；

　　（四）其他寻衅滋事行为。

16 周岁准许驾驶电动车权
——16 周岁后驾驶电动自行车的权利

案例背景

　　张强已经上高中了，是走读生，马上就要升高二了，学习压力越来越大，时间也越来越宝贵。平时上学都是骑自行车，看到几个同学都买了电动车，张强也心动了。于是他向父母提出了自己的想法，他认为骑电动车更方便、速度快且节约时间。可父母担心张强的安全，认为张强还小，不适合骑电动车。一个星期后，张强过了 16 周岁的生日，几天后，张强再次要求父母买电动车，他称，自己已经满 16 周岁了，按照法律规定，已经可以驾驶电动车了，父母不要总把自己当小孩子了。经过一番争取，张强的父母终于同意给张强买一辆电动自行车了。

权利解析

驾驶电动车权，是指公民满16周岁后，有在道路上驾驶以蓄电池作为辅助能源在普通自行车的基础上，安装了电机、控制器、蓄电池、转把闸等操纵部件和显示仪表系统的机电一体化的个人交通工具的权利。由于电动自行车行驶速度较快，相对于普通自行车发生交通事故的可能性较大，国家有关规定对驾驶电动自行车的标准较普通自行车高。传统自行车在公民满12周岁后就可以在道路上行驶，但电动自行车需要公民满16周岁才可以在道路上驾驶。

未成年人心智较成年人来讲，还不太成熟，好冲动。电动自行车的车速快，未满16周岁在道路上驾驶电动自行车易对未成年人本身以及道路上其他人员造成安全上的威胁。公民满16周岁后，心智较为成熟，反应能力和辨认能力增强，能够良好地控制电动自行车。我国《道路交通安全法实施条例》第七十二条明确规定，驾驶自行车必须年满12周岁，驾驶电动自行车必须年满16周岁。

在上述案例中，张强父母起初不同意张强驾驶电动自行车上学的做法是正确的，因为那时张强还不满16周岁，没有权利在道路上驾驶电动自行车。在过了16周岁生日后，张强已年满16周岁，按照有关规定，享有在道路上驾驶电动自行车的权利。

权利依据

《中华人民共和国道路交通安全法实施条例》
第七十二条 在道路上驾驶自行车、三轮车、电动自行车、残疾人机动轮椅车应当遵守下列规定：

（一）驾驶自行车、三轮车必须年满 12 周岁；

（二）驾驶电动自行车和残疾人机动轮椅车必须年满 16 周岁；

（三）不得醉酒驾驶；

（四）转弯前应当减速慢行，伸手示意，不得突然猛拐，超越前车时不得妨碍被超越的车辆行驶；

（五）不得牵引、攀扶车辆或者被其他车辆牵引，不得双手离把或者手中持物；

（六）不得扶身并行、互相追逐或者曲折竞驶；

（七）不得在道路上骑独轮自行车或者 2 人以上骑行的自行车；

（八）非下肢残疾的人不得驾驶残疾人机动轮椅车；

（九）自行车、三轮车不得加装动力装置；

（十）不得在道路上学习驾驶非机动车。

未成年犯的从宽处理权

——未成年人犯罪后依法从轻或减轻处罚的权利

案例背景

15 岁的少年田某因与社会不良少年交结，经常对本校同学实施抢劫行为。2008 年 6 月初的一个中午，田某在上学路上将王某、柏某、刘某（均系未成年人）截住，举起皮条威胁三人，抢得 200 元。同月中旬的一天中午，田某又在一煤矿附近手持皮条将骑车上学的孙某、张某（均系未成年人）截住，抢得价值为 150 元的腰带一条。

区人民检察院以被告人田某犯抢劫罪向人民法院提起公诉。田某对起诉书指控的事实没有异议，其辩护人认为田某犯罪时未成年，系初犯，且认罪态度好，要求对田某从轻或减轻处罚。人民法院经过不公开审理之后认为，被告田某采取胁迫手段抢劫公民财物，其行为构成抢劫罪。因其犯罪时属于未成年人，根据教育、感化、挽救失足青少年的方针政策对其应以减轻处罚为宜。据此判决被告田某犯抢劫罪，判处有期徒刑 1 年。田某不服，提起上诉，二审法院经审理认为，被告田某犯罪时已满 14 周岁，不满 16 周岁，适用语言威胁和轻微暴力强行索取其他未成年人的少量钱财，情节显著轻微，危害不大，可以不认为犯罪，宣判田某无罪。

权利解析

少年犯的从宽处理权，是指对未成年犯罪的，依照法律规定从轻或者减轻处罚的权利。这一权利是基于未成年犯罪人责任能力不完备以及他们较易接受改造教育的特点而确立的，符合我国"教育、感化、挽救"的方针。

根据我国现行《刑法》第十七条第三款的规定，对于已满 14 周岁不满 18 周岁的未成年人犯罪应当从轻或者减轻处罚。这一规定的基本精神是，在犯罪性质和其他犯罪情节相同或大体相同时，未成年人犯罪应当比照成年人犯罪从轻或者减轻处罚，即对已满 14 周岁不满 18 周岁的未成年人犯罪，在法定刑的范围内判处相对较轻的刑种或者相对较短的刑期从轻处罚；或者在法定刑以下减轻处罚。这就是我国《刑法》对未成年人犯罪从宽处罚的原则规定。所谓"应当"情节，即是对量刑结果有肯定影响的量刑情节，法律不允许审判人员有任何自由斟酌的余地，而要求其无可选择地按照法律规定从轻、减轻处罚。

此外，我国《未成年人保护法》也规定，对违法犯罪的未成年人，实行教育、感化、挽救的方针，坚持教育为主、惩罚为辅的原则。对违法犯罪的未成年人，应当从轻、减轻或者免除处罚。

上述案例中法院量刑正确，正是体现了国家对于未成年犯的宽大处理，是完全符合我国法律规定的。

权利依据

《中华人民共和国刑法》

第十七条第三款　已满十四周岁不满十八周岁的人犯罪，应当从轻或者减轻处罚。

《中华人民共和国未成年人保护法》

第五十四条　对违法犯罪的未成年人，实行教育、感化、挽救的方针，坚持教育为主、惩罚为辅的原则。

对违法犯罪的未成年人，应当从轻、减轻或者免除处罚。

接受治安询问时监护人在场权

——不满16周岁的人接受询问时，父母和监护人应当在场

案例背景

15岁的严朗很喜欢放烟花爆竹，看烟花爆竹或在空中色彩斑斓，或在

地上噼里啪啦，他觉得很爽。有一次，他突发奇想，把过年后剩下的许多烟花爆竹都背在书包里，打算晚上去附近的广场上放。只是，他不知道广场明确禁止燃放烟花爆竹。另外，广场上，一到晚上就有许多人在跳广场舞，有时还会有一些大型活动，还有一些散步、摆摊的人，甚是热闹。广场里布置的东西挺多，不少都是易燃的。严朗就这么冒失地去了那个广场燃放那些烟花爆竹，点燃后才被发现，不过幸亏没有造成什么严重后果。

但是，严朗还是因此被带到派出所进行治安询问，派出所依法请了严父严母到场。最终，严朗因为没有造成什么严重后果，也并非出于恶意，且认错态度良好，只被处以警告和罚款处罚。

权利解析

接受治安询问时监护人在场权是指，公安机关在询问不满16周岁的违反治安管理行为人时，其父母或者其他监护人有权到场。监护人的到场，改变了违反治安管理的未成年人孤立无援的境地，对于维护违反治安管理行为人的身心健康、减少司法伤害以及促进询问的顺利进行均可产生积极的影响。这正是确立接受治安询问时监护人在场权意义之所在。

我国《治安管理处罚法》第八十四条第三款规定，询问不满16周岁的违反治安管理行为人，应当通知其父母或者其他监护人到场。此处的"应当"既体现接受治安询问时监护人在场是不满16周岁的违反治安管理行为人的权利，又表明公安机关具有在对不满16周岁的违反治安管理行为人进行治安询问时通知其监护人在场的义务。

社会上的未成年人，尤其是不满16周岁的未成年人，基本没有经济来源，社会经验又少，是社会上的弱势群体，对于司法程序不免恐惧，接受治安询问时监护人的到场，是法律根据不满16周岁未成年人身心发展特点所

给予的特殊保护，有利于更好地保护其合法权益。

总之，接受治安询问时监护人在场权是在司法活动中对未成年人一种保护性权利。

权利依据

《中华人民共和国治安管理处罚法》

第八十四条第三款 询问不满十六周岁的违反治安管理行为人，应当通知其父母或者其他监护人到场。

被 收 养 权

——不满 14 周岁的符合条件的孩子可被收养

案例背景

10岁的女孩小佳，同父母生活在一起，一家人很幸福。一次，一家人开车外出旅行，被路上一辆失控的大货车撞上，不一会儿他们的车体发生爆炸。在此之前，小佳父母帮助小佳从车窗逃了出去，但是小佳父母还没来得及逃离车体，就发生了爆炸，小佳父母没能生还，小佳成了孤儿。

小佳家中没有其他亲人，不过还有个早年就远嫁外地、很少联系的姑妈，她年近40岁，仍然没有孩子，符合收养的条件。居委会联系上小佳姑妈后，向她说明了小佳家中的变故，她表示愿意收养小佳。虽然小佳失去了父母，但她没有孤苦无依，而是得到了姑妈的照顾。

权利解析

被收养权，一般是指不满 14 周岁的未成年人只要存在丧失父母、查找不到生父母、生父母有特殊困难无力抚养其中一种情况，就享有被符合法定收养条件的人收养的权利。但是，被继父或继母收养的继子女则不受上述任何一种情况限制，也不受不满 14 周岁的限制。

社会上的未成年人，尤其是不满 14 周岁的未成年人，基本没有经济来源，社会经验又少，本就是社会上的弱势群体，再加上一些家庭因素，他们需要家庭的呵护以及社会的保护，被收养权就是基于此而确立的。被收养权是法律赋予这些未成年人的一项权利，同时社会也承担着对他们的保护义务。

根据我国《收养法》第四条的规定，不满 14 周岁的符合条件的孩子可以被收养。这一规定的基本精神是，不满 14 周岁的符合条件的孩子享有被收养权。但是同时，"可以"表示，不满 14 周岁的符合条件的孩子不是必须被收养。因为在我国，收养应当有利于被收养人的抚养、成长，保障被收养人和收养人的合法权益，并遵循平等自愿原则，不得违背社会公德以及计划生育的相关法律规定。也就是说，收养除了双方都符合条件外，还要保障被收养人和收养人的合法权益，要考虑双方的意愿，既要愿意收养，也要愿意被收养，这样才可能达成收养协议。

当然，最重要的是，这种收养应当有利于被收养人的抚养、成长，否则即使已经成立的收养关系也可以解除。孩子被收养，不是履行手续就完事的，而是要切实履行收养人的义务，真正抚养、照顾被收养人，如果收养人不履行抚养义务，有虐待、遗弃等侵害被收养人合法权益行为的，随时可以解除收养关系。

被收养权是不满 14 周岁的符合条件的孩子的一项权利,他们可以要求被收养,也可以要求不被收养,更可以要求被收养的质量。

《中华人民共和国收养法》

第四条　下列不满十四周岁的未成年人可以被收养:

(一)丧失父母的孤儿;

(二)查找不到生父母的弃婴和儿童;

(三)生父母有特殊困难无力抚养的子女。

16 周岁获得完全刑事责任能力权

——已满 16 周岁,应当负刑事责任

案例背景

17 岁的少年黄某,年初在同学的诱导下开始接触网络游戏。黄某刚开始还能克制,只在晚上或者中午休息时借机出去上网玩游戏,后来迷恋游戏程度越来越深,常请假外出上网,周末通常也在网吧度过,学习成绩也一落千丈。黄某害怕父母责骂,不敢向父母要上网的钱,于是黄某在没钱上网时,便想到了偷。2014 年 6 月的一天,黄某趁被害人赵某不注意,从其左

侧衣兜内扒窃价值人民币 4000 元的苹果手机一部。当日，黄某便被公安局抓获。

区人民检察院以被告人黄某犯盗窃罪向人民法院提起公诉。黄某对起诉书指控的事实没有异议，其辩护人认为黄某犯罪时未成年，到案后认罪态度好，且赃物已经发还给受害人，请求对黄某从轻或减轻处罚。人民法院经过不公开审理之后认为，被告黄某的行为构成盗窃罪。因其犯罪时已满 16 周岁不满 18 周岁，依法减轻处罚，判处黄某有期徒刑 8 个月。

权利解析

刑事责任能力，是指行为人构成犯罪和承担刑事责任所必须具备的刑法意义上辨认和控制自己行为的能力。对于一般公民来说，只要其达到一定的年龄，生理和智力发育正常的话，就具有了相应的辨认和控制自己行为的能力，从而具有刑事责任能力。而刑事责任年龄则是确定是否能追究刑事责任的主体要件之一。换言之，只有达到法定年龄的人实施了犯罪行为，才能成为犯罪的主体，并追究其刑事责任；而没有达到法定年龄的人，即使他实施了危害社会的行为，即使构成犯罪，也不负刑事责任。我国法律规定年满 16 周岁的公民则依法获得了完全刑事责任能力权。

根据我国现行《刑法》第十七条第一款的规定，已满 16 周岁的人犯罪，应当负刑事责任。我国刑法理论上认为，已满 16 周岁不满 18 周岁的青年虽然属于未成年人，但是其本身体力和智力已有相当的发展，也具有了一定的社会知识，是非观念和法制观念的增长达到了一定的程度，一般可以根据国家法律和社会道德规范的要求来约束自己，因而他们已经具备了基本辨别和控制自己行为的能力。因此，应当要求他们对自己的一切犯罪行为负刑事责任。而已满 18 周岁的人已经成年，自然具备完全刑事责任能力。也就是说，年满16周岁就已经具备完全刑事责任能力，也就获得了完全刑事责任能力权，要对自己的一切犯罪行为负相应的刑事责任。

上述案例中被告人黄某已年满16周岁，是完全刑事责任能力人，具有完全刑事责任能力权，因此，黄某要为其实施的盗窃行为依法承担刑事责任。鉴于其犯罪时已满16周岁不满18周岁，应依法从轻或者减轻处罚，因此法院量刑正确，是完全符合我国法律规定的。

权利依据

《中华人民共和国刑法》

第十七条 已满十六周岁的人犯罪，应当负刑事责任。

已满十四周岁不满十六周岁的人，犯故意杀人、故意伤害致人重伤或者死亡、强奸、抢劫、贩卖毒品、放火、爆炸、投毒罪的，应当负刑事责任。

已满十四周岁不满十八周岁的人犯罪，应当从轻或者减轻处罚。

《中华人民共和国未成年人保护法》

第五十四条 对违法犯罪的未成年人，实行教育、感化、挽救的方针，坚持教育为主、惩罚为辅的原则。

对违法犯罪的未成年人，应当从轻、减轻或者免除处罚。

16 周岁提前获得完全民事行为能力权

——16—18 周岁靠自己劳动为主要生活来源的视为完全民事行为能力人

案例背景

17 岁的少年陈某学习成绩不好，没有考上高中，初中毕业便辍学在家。看到陈某在家整天无所事事，陈某的父母便通过朋友在县城给其找了一份酒店服务员的工作。这样，陈某每月便有了 2500 元的收入。因陈某家住在镇上，离县城较远，为了上班方便，陈某在县城自己租房子居住。工作几个月后，陈某有了一些积蓄。他看到好多年轻人手拿的都是苹果手机等，于是他用自己的工资自某手机专卖店以 4000 元的价格购买了一部苹果手机。陈某知道父母节省，因此在购买该苹果手机时怕父母反对就没有告诉父母。

一个月后，陈某的父母在看望陈某时无意中发现了这件事。陈某的父母认为陈某是未成年人，未经他们同意与手机专卖店之间达成的买卖合同无效。于是陈某父亲便找到该手机专卖店要求退还手机，返还钱款。陈某父亲的做法遭到了手机专卖店的拒绝。随后陈某父亲将手机专卖店起诉到了县法院，县法院经审理后最终驳回了其诉讼请求。

权利解析

完全民事行为能力，是指可完全独立地进行民事活动，通过自己的行为取得民事权利和承担民事义务的资格。我国以年龄和智力状况作为判断行为能力的依据，以达成年、精神状况正常，能完全辨认自己行为及其后果的自然人，是具有完全民事行为能力的人。完全民事行为能力人可以独立进行民事活动。对于16周岁以上不满18周岁的公民，以自己的劳动收入为主要生活来源的则可以依法提前获得完全民事行为能力权。

根据我国现行《民法通则》第十一条的规定，18周岁以上的公民是成年人，具有完全民事行为能力，可以独立进行民事活动，是完全民事行为能力人。16周岁以上不满18周岁的公民，以自己的劳动收入为主要生活来源的，视为完全民事行为能力人。由此可知，年龄18周岁以上且精神正常的，则具有完全民事行为能力。而18周岁以下的公民原则上并不具备完全民事行为能力，但是有一例外情形即已满16周岁但不满18周岁且已经以自己的劳动收入作为主要生活来源的，法律赋予其提前获得完全民事行为能力权，认为其是完全民事行为能力人。因为这类人能够以自己的劳动取得收入，并能够独立进行社会生活，所以法律赋予了其提前获得完全民事行为能力的权利，并在法律的规定下承担相应的法律后果。

上述案例中陈某17岁，虽然未满18周岁，但是其有自己的工作，并能以自己的劳动收入作为主要生活来源，因此应视陈某为完全民事行为能力人。陈某与该手机专卖店的买卖合同有效，无须征得其父母的同意。陈某父母的做法是错误的，法院判决符合我国的法律规定。

权利依据

《中华人民共和国民法通则》

第十一条 十八周岁以上的公民是成年人，具有完全民事行为能力，可以独立进行民事活动，是完全民事行为能力人。

十六周岁以上不满十八周岁的公民，以自己的劳动收入为主要生活来源的，视为完全民事行为能力人。

单独居住权
——满 16 周岁可离开监护人单独居住

案例背景

在陆某 10 岁时，其父母因感情不和而协议离婚。陆某父母离婚时约定，陆某由其父亲抚养，两人婚后购买的房产一套赠予儿子陆某。父母离婚以后，陆某就一直跟随父亲生活在已属于陆某的这套房子里。在陆某 15 岁那年，陆某的父亲与孙某再婚。陆某父亲再婚前夕，用几年的积蓄购置了一套房产，并在婚后与陆某及孙某搬到了新房居住。经过一段时间的共同生活，因孙某脾气暴躁，性格乖戾，而陆某本身对父亲的再婚就不满，于是孙某与陆某在相处过程中矛盾丛生。

今年陆某已年满 17 岁，初中毕业准备找工作。由于陆某和孙某因琐事再次发生争执，陆某便打算搬到他自己的房子里单独居住，并准备靠自己打工来维持生活。然而作为监护人的陆某父亲认为陆某尚未成年，不能照顾自己的生活，出于安全等各方面考虑，不同意其单独居住。陆某不愿意再与孙某生活在一个屋檐下，于是陆某找到了居委会，希望他们能说服其父亲。后在居委会的再三协调下，陆某父亲最终同意陆某单独居住。

权利解析

单独居住权，在此指的是年满 16 周岁的未成年人脱离监护单独居住的权利。这一权利是基于年满 16 周岁的未成年人已经相对比较成熟，能够处理各种人际交往关系，甚至有的已参加工作，具备完全民事行为能力的特点而确立的。

根据我国现行《预防未成年人犯罪法》第十九条的规定，未成年人的父母或者其他监护人，不得让不满 16 周岁的未成年人脱离监护单独居住。由此可知，不得让脱离监护单独居住的对象是"不满 16 周岁的未成年人"，换言之，16 周岁以上的未成年人则有单独居住权。我国《民法通则》规定，16 周岁以上不满 18 周岁的公民，以自己的劳动收入为主要生活来源的，视为完全民事行为能力人。完全民事行为能力人不需要有监护人，因此，他们是可以单独居住的。而未满 16 周岁的未成年人，属于无民事行为能力人或限制民事行为能力人，他们许多民事行为的实施要由父母或其他监护人来代理，从保障其权益的角度考虑不允许其单独居住。

上述案例中陆某已经年满 17 岁，而且已经初中毕业准备工作，因此陆某依法有单独居住权，可以单独居住。陆某在与父亲及继母共同生活过程中，多次与继母孙某发生矛盾，依旧在一起生活可能会激化矛盾，陆某有权利选择是否单独居住。

权利依据

《中华人民共和国预防未成年人犯罪法》

第十九条 未成年人的父母或者其他监护人，不得让不满十六周岁的未成年人脱离监护单独居住。

第五十条 未成年人的父母或者其他监护人违反本法第十九条的规定，让不满十六周岁的未成年人脱离监护单独居住的，由公安机关对未成年人的父母或者其他监护人予以训诫，责令其立即改正。

参加工作获得劳动保护权

——满 16 周岁可参加工作，可不接受过重、有毒、有害以及危险作业

案例背景

　　杜晓鹏中专毕业后就到了一家食品厂应聘，他各方面条件都得到了该厂招聘人员的认可。但是当他们发现杜晓鹏才 17 岁时，食品厂就以杜晓鹏系未成年人拒绝了他。杜晓鹏称自己已年满 16 岁，有参加工作的权利，食品厂经过查询相关规定发现真如杜晓鹏所说就录用了他。工作伊始，食品厂根据杜晓鹏在学校所学的专业，就把他分配到了车间工作。杜晓鹏工作上认真谨慎，生活中为人开朗、乐于助人，很受同事欢迎。食品厂的领导也很看重他，有意好好栽培，经常给他安排一些重要事务锻炼他。

　　这一天，领导把杜晓鹏叫到办公室，提出希望他在完成工作的情况下再留在车间加班 4 个小时。杜晓鹏为了在领导心中留下好印象，没有多想就答应了。现实问题是，杜晓鹏现在的工作强度已经达到了最高，现在再加 4 个小时的工作量，时间一长，杜晓鹏身体吃不消就病倒了。经医生检查，杜晓鹏长期从事高强度的工作，有时候甚至连轴转，他才 17 岁，根本无法承受

这样的劳动强度。

　　杜晓鹏病愈出院，回到食品厂上班，向领导提出不能再承受如此高强度的工作。领导听完杜晓鹏的要求后称，食品厂是想好好栽培他，并提出现在工期紧，需要他多加班，杜晓鹏无奈，只好又按照食品厂的安排上起了班。一次偶然的机会，杜晓鹏听别人说未成年人参加工作国家法律有保护，他就查阅相关法律，发现我国《未成年人保护法》中规定招用已满16周岁未满18周岁的未成年人的，应当执行国家在工种、劳动时间、劳动强度和保护措施等方面的规定，不得安排其从事过重、有毒、有害等危害未成年人身心健康的劳动或者危险作业。他特别兴奋地找到领导据理力争维护了自己的权益。

权利解析

　　我国《劳动法》中明确规定已满16周岁未满18周岁的劳动者是未成年工，也就是说年满16周岁就有参加劳动的权利。但是未成年工正处在生长发育的特殊时期，而某些工作则需要成年人的体力和心理素质才可以完成，所以我国法律对未成年的劳动者进行特殊保护是十分必要的。我国《未成年人保护法》第二十八条明确规定，任何组织或者个人不得招用未满16周岁的未成年人，国家另有规定的除外。任何组织或者个人依照国家有关规定招用已满16周岁未满18周岁的未成年人的，应当执行国家在工种、劳动时间、劳动强度和保护措施等方面的规定，不得安排其从事过重、有毒、有害的劳动或者危险作业。这说明用人单位可以招用年满16周岁的未成年人，但是应该严格执行国家规定，不得安排其从事与其年龄不相符的工作和劳动。上述案例体现的就是杜晓鹏利用国家法律对未成年工的特殊保护，维护了自己的合法权益。

另外，由于未成年工年龄小，社会经验不足，依法保护自己合法权益的能力弱，如果与用人单位发生纠纷时，利益更容易受到侵害。所以国家设立了使用未成年工的登记制度，登记制度不仅要求对未成年工进行体检，还要求注明拟安排劳动范围等，这都有效地保护了未成年工的合法权益。

权利依据

《中华人民共和国未成年人保护法》

第二十八条 任何组织或者个人不得招用未满十六周岁的未成年人，国家另有规定的除外。

任何组织或者个人按照国家有关规定招用已满十六周岁未满十八周岁的未成年人的，应当执行国家在工种、劳动时间、劳动强度和保护措施等方面的规定，不得安排其从事过重、有毒、有害等危害未成年人身心健康的劳动或者危险作业。

犯罪时获得法律援助权

——14—18周岁的犯罪嫌疑人、被告人未委托辩护人的，有权获得法律援助

案例背景

田小军今年15岁，是高一年级的学生，原本他成绩优良，为人老实，

是老师和学生眼中的好学生。但是最近田小军的父母正在闹离婚，田小军心情不好，又没有得到正常的疏导和教育，导致他情绪无法宣泄，就经常对本校的同学实施抢劫，获得暂时的快感来缓解自己的郁闷情绪。

7月初的一天，田小军在上学的路上将张萌萌、刘梅梅（均系未成年人）截住，拿出水果刀威胁两人，抢了500元。一个星期以后，田小军又在放学的路上将与他同方向回家的梁明、张亮（均系未成年人）截住，抢了价值1200元的游戏机一个。

区人民检察院收到田小军案件材料时，经审查发现15岁的田小军是未成年人且没有委托辩护人，就告知其可以提出法律援助申请。田小军称自己父母正在闹离婚，没有精力为自己办理法律援助的相关事宜。最后检察院代田小军申请了法律援助申请，法援中心根据田小军的情况，立即指派律师为其提供了法律帮助和权利保护。

人民法院经过不公开审理之后，采纳了辩护人的意见，认为被告田小军犯罪时已满14周岁，不满16周岁，使用语言威胁和轻微暴力强行索取其他未成年人的钱财，情节显著轻微，危害不大，可以不认为犯罪，宣判田小军无罪。

权利解析

法律援助是指由政府设立的法律援助机构组织法律援助的律师，为经济困难或特殊案件的人给予无偿提供法律服务的一项法律保障制度。这里的特殊案件中就包括本案中提到的未成年人犯罪的案件。法律援助是一项扶贫助弱，保障社会弱势群体合法权益的公益事业，旨在通过手段救助社会群体，使公民享有平等的法律保护权。

未成年人作为中国未来发展的希望，其合法权益的保护备受各方关注，所以积极开展未成年人刑事法律援助工作具有深刻的社会意义。我国《刑事诉讼法》第二百六十七条明确规定，未成年犯罪嫌疑人、被告人没有委托辩护人的，人民法院、人民检察院、公安机关应当通知法律援助机构指派律师为其提供辩护。意思就是说未成年人涉嫌犯罪后，需要法律援助的提前介入，而不仅仅是在审判阶段给予援助。即公安机关对犯罪嫌疑人依法进行第一次讯问后，人民检察院自收到移送审查起诉的案件材料之日起，人民法院立案时，如果审查发现犯罪嫌疑人、被害人是未成年人的，就应当告知其可以提出法律援助申请，如有必要，公安机关、检察院、法院也可以代其申请援助。另外未成年人心智还未成熟，社会阅历浅薄，在为其提供法律帮助时应由熟悉未成年人身心特点的审判人员、检察人员、侦查人员承办。

　　未成年人犯罪时获得法律援助的权利，也恰恰是我国法律对违法犯罪的未成年人，实行教育、感化、挽救的方针的体现。只有在办理未成年人犯罪案件过程中查清犯罪事实，确保法律正确适用，保护其合法权利，才能促进其改过自新，重新融入社会。

权利依据

《中华人民共和国刑事诉讼法》

　　第二百六十七条　未成年犯罪嫌疑人、被告人没有委托辩护人的，人民法院、人民检察院、公安机关应当通知法律援助机构指派律师为其提供辩护。

讯问和审判时法定代理人到场权

——讯问和审判未成年人时，其法定代理人应当到场

案例背景

15岁的刘小奇是重点中学初三年级的一名学生，成绩特别优秀，在学校组织的大大小小考试中从来是考全校第一名，经常受到老师的表扬，是同学们学习的榜样。但是刘小奇第一名的传奇，被前不久来到班上的转学来的学生李思琪给终结了，好几次考试，李思琪都是学校的第一名，并且每次就超过刘小奇两三分。刘小奇的心里很是气愤，觉得李思琪的到来让自己丢了面子。

渐渐地，刘小奇心中的怨气越来越大，他就每天幻想着李思琪在考试的时候生病了该有多好，那自己肯定又能坐上全校第一的宝座。眼看又到月考了，刘小奇突发奇想，李思琪自己不生病，自己可以制造条件让她生病。刘小奇不知道从哪里弄来了一包老鼠药，想伺机放到李思琪的水杯里。但是水杯是私人用品，刘小奇试了好几次都没有成功，三天后就是月考了，他十分焦急。后来，刘小奇想自己可以把老鼠药放在学校的水箱里，这样李思琪就能喝到了，除非她一直不喝水。就这样，刘小奇就把老鼠药放进了学校的水箱里，结果导致30多名学生不同程度中毒。

公安局以刘小奇涉嫌投毒罪将其依法拘捕。刘小奇的父母在得到消息后，连忙赶到公安局希望见儿子一面，但是公安局以案件还未调查清楚为由拒绝他们见面。无奈刘小奇的父母只好聘请律师。律师提出，刘小奇系未成年人，在讯问和审判的时候，应当通知未成年犯罪嫌疑人、被告人的法定代

理人到场。最后，刘小奇案件在讯问和审判的时候，司法机关都依法通知其父母即刘小奇的法定代理人到场，为案件的侦破、审判起到了积极的作用。

权利解析

上述案例体现的是，讯问和审判未成年人时，其法定代理人到场的权利。

未成年人犯罪的特殊性决定了办案机关必须通知其法定代理人到场。我国《刑事诉讼法》明确规定，对于未成年人刑事案件，在讯问和审判的时候，应当通知未成年犯罪嫌疑人、被告人的法定代理人到场。这与我国对犯罪的未成年人实行教育、感化、挽救的方针是完全相符的。

通知未成年人法定代理人到场。一是有利于缓解未成年人在接受讯问和审判时的抵触情绪和压力，未成年人各方面尚不成熟，面对讯问和审判产生的压力相比成年人会更大，如果法定代理人在场，可以使其减轻恐惧压力；二是法定代理人到场，可以帮助办案机关更全面真实地了解未成年学习生活的情况和导致其犯罪的真正原因，有助于了解案件的真相；三是对于法定代理人也起到警醒和教育的作用，在未成年人回归社会后才能更好地对其进行监管和教育。

总体而言，讯问和审判未成年人时，其法定代理人应当到场制度，体现了我国对未成年人的特殊保护，为未成年人改过自新和回归社会创造有利条件。

权利依据

《中华人民共和国刑事诉讼法》

第二百七十条 对于未成年人刑事案件，在讯问和审判的时候，应当通知未成年犯罪嫌疑人、被告人的法定代理人到场。无法通知、法定代理人不能到场或者法定代理人是共犯的，也可以通知未成年犯罪嫌疑人、被告人的其他成年亲属，所在学校、单位、居住地基层组织或者未成年人保护组织的代表到场，并将有关情况记录在案。到场的法定代理人可以代为行使未成年犯罪嫌疑人、被告人的诉讼权利。

到场的法定代理人或者其他人员认为办案人员在讯问、审判中侵犯未成年人合法权益的，可以提出意见。讯问笔录、法庭笔录应当交给到场的法定代理人或者其他人员阅读或者向他宣读。

讯问女性未成年犯罪嫌疑人，应当有女工作人员在场。

审判未成年人刑事案件，未成年被告人最后陈述后，其法定代理人可以进行补充陈述。

询问未成年被害人、证人，适用第一款、第二款、第三款的规定。

第三节　18—30周岁的法律权利

女满20岁，男满22岁，可缔结婚姻权
——男女青年符合法定年龄即有选择结婚的权利

案例背景

　　崔丽年方20，长得很是漂亮，是某大学二年级的学生。崔丽上大学后认识了本校的研究生林萧，林萧比崔丽大三岁，做人办事都很符合崔丽的要求，没过多久两人就确定了恋爱关系，并且感情日益升温。今年林萧研究生即将毕业，接到了一家研究所的工作邀请，毕业后就可投入工作。工作有着落以后，家里就催促林萧快点结婚。林萧经过精心准备就向崔丽求了婚，崔丽考虑到自己确实很喜欢林萧，再加上林萧为人真诚，踏实肯干，确实是自己可以依靠终身的不二选择，就答应了他的求婚。

　　崔丽答应求婚后，双方家长就为二人的婚礼做准备。但是林萧和崔丽在向学校请假称自己要去结婚的时候，校方却以两人还是学生还不能结婚为由，拒绝了请假的要求。事后，崔丽不甘心，就到民政等部门进行咨询，工作人员给出的答复令崔丽心里的石头落了地。原来我国《婚姻法》第六条明确规定，结婚年龄，男不得早于22周岁，女不得早于20周岁。现在崔丽年满20周岁，林萧年满23周岁，并且两人符合我国缔结婚姻的其他法定条件，

现在结婚一点问题都没有。就这样，两人拿着相关证据找到校领导反映了自己的问题，很快学校就批准了崔丽和林萧的请假请求。

权利解析

结婚权，是指男女在达到法定条件后，有不受种族、国籍或宗教的任何限制，婚嫁和成立家庭的权利。根据我国《婚姻法》的规定，结婚的男女双方只要完全自愿且达到法定婚龄即男必须年满22周岁，女必须年满20周岁；符合一夫一妻制、没有禁止结婚的近亲关系、没有患有医学上认为不应当结婚的疾病，就可以结婚。婚姻是自然属性和社会属性的要求，所以在我国只要到了法定婚龄，并且符合法定条件，任何人都不能以任何理由和方式干涉婚姻自由。

上述案例所体现的是男女青年达到法定婚龄即有选择结婚的权利。法定婚龄是综合人的身体发育和智力成熟情况，政治、经济及人口发展情况等自然因素和社会因素确定的。我国婚姻法规定的结婚年龄为：男不得早于22周岁，女不得早于20周岁。这不是必须结婚年龄，也不是最佳婚龄，而是结婚的最低年龄。这不仅符合我国国情的发展，同时也是划分违法婚姻与合法婚姻的年龄界限，只有达到了法定婚龄才能结婚，否则就是违法。本案中，崔丽20岁，林萧23岁，双方都已达到法定年龄，校方不能以任何理由阻止两人缔结婚姻。

另外，我国婚姻法规定的婚龄具有普遍的适用性，但在某些特殊情况下，法律也允许对婚龄作出例外规定。比如考虑我国多民族的特点，婚姻法还规定民主自治地方的人民代表大会有权结合当地民族婚姻家庭的具体情况，制定变通规定。

权利依据

《中华人民共和国婚姻法》

第六条 结婚年龄，男不得早于二十二周岁，女不得早于二十周岁。晚婚晚育应予鼓励。

第五十条 民族自治地方的人民代表大会有权结合当地民族婚姻家庭的具体情况，制定变通规定。自治州、自治县制定的变通规定，报省、自治区、直辖市人民代表大会常务委员会批准后生效。自治区制定的变通规定，报全国人民代表大会常务委员会批准后生效。

21周岁获得申请中型客车准驾车型权
——符合法定年龄有驾驶中型客车的权利

案例背景

张三有一辆中型客车，经常为一些大公司的商业活动接送客人，生意也还过得去，养家糊口不成问题。慢慢地，由于张三为人实在，办事稳重，许多大公司和展览馆都一有活动就联系张三，有时候活多了还真有点忙不过来。张三于是就动员22岁儿子张小三和自己一块干。张小三中专毕业好几年了，也没有个像样的工作，天天在家靠父母养也不是长久之计，现在父亲的工作这么忙，张小三决定出把力。

但是干运输开车首先得有驾驶证，于是张小三就张罗着考驾驶证的事情，希望早点拿到驾驶证可以自食其力。张小三来到驾校说明来意，工作人员一听说张小三来考取中型客车的驾驶证就提醒其申请中型客车准驾车型的，年龄必须在 21 周岁以上 50 周岁以下，驾校需要张小三提供身份证件看其是否年满 21 周岁。事后，张小三提供了相关证明材料，工作人员经过认真检查，确认张小三完全符合申请中型客车驾驶证的条件，就为其办理了相关手续。很快，张小三就考取了中型客车驾驶证，经过实战磨炼，不久就开始承担一部分工作，这着实减轻了张三的工作压力。

权利解析

上述案例所体现的是我国公民达到法定年龄就有申请中型客车驾驶证的权利。

中型客车座位较少，空间充足，所以作为公共汽车是非常理想的。现今有不少大公司进行商贸活动，都是利用中型客车把宾客运载到各个会议中心或展览场馆的。但是中型客车作为公共交通工具，要获得其驾驶权，要求会更为严格。首先在年龄上，我国《机动车驾驶证申领和使用规定》第十一条就明确规定了申请中型客车准驾车型的，年龄必须在 21 周岁以上 50 周岁以下。这就是说我国法律赋予公民申请中型客车驾驶权的年龄是 21 周岁，并不是一般小型汽车要求的 18 周岁即可。

不过，现实中的交通状况远比法律规定要复杂得多，所以在此提醒广大驾驶员朋友们，无论是驾龄长还是驾龄短，在开车过程中一定要遵守交通规则。另外，如果达不到法定年龄就一定不要违反规定驾驶与我们年龄不相符的车型，这不仅仅是对我们自己负责，更是对社会负责。

权利依据

《机动车驾驶证申领和使用规定》

第十一条　申请机动车驾驶证的人，应当符合下列规定：

（一）年龄条件：

……

4.申请中型客车准驾车型的，在二十一周岁以上，五十周岁以下；

……

（二）身体条件：

1.……申请中型客车准驾车型的，身高为 150 厘米以上；

2.视力：申请大型客车、牵引车、城市公交车、中型客车、大型货车、无轨电车或者有轨电车准驾车型的，两眼裸视力或者矫正视力达到对数视力表 5.0 以上。……

3.辨色力：无红绿色盲。

4.听力：两耳分别距音叉 50 厘米能辨别声源方向。……

5.上肢：双手拇指健全，每只手其他手指必须有三指健全，肢体和手指运动功能正常；……

7.躯干、颈部：无运动功能障碍。

23 岁女性结婚为晚婚权

——符合晚婚条件的有享受带薪延长婚假的权利

案例背景

刘梅今年 23 周岁，大学毕业后没有像别的同学一样随大溜参加公务员考试，而是和男朋友一起去了上海发展。到了上海，两人才发现消费高得吓人。作为新入职场的菜鸟，两人收入都不高，根本无法维持日常开销。于是两人决定结婚，这样共同生活就可以节省一部分开支。

刘梅因结婚向公司请婚假，公司领导按规定准了其 3 天法定婚假，并且请假期间没有工资。扣发工资倒不是什么大事，关键是刘梅老家在千里之外，3 天的婚假只够来回路程时间，为此刘梅只好翻阅国家关于结婚的相关规定。这一查找资料，刘梅发现我国现行计划生育政策鼓励晚婚，男年满 25 周岁、女年满 23 周岁的初婚为晚婚。《中国人口与计划生育条例》第二十五条明确规定："公民晚婚晚育，可以获得延长婚假、生育假的奖励或者其他福利待遇。"符合晚婚年龄（女 23 周岁，男 25 周岁）的，可享受晚婚假 15 天（含 3 天法定婚假）。并且相关规定显示，所享受的休假视为出勤，工资照发。

而刘梅现年 23 周岁，刚好达到女性晚婚的最低年龄，应该延长婚假，并且公司也不应扣发其工资。李梅在明确相关规定后，找到领导据理力争，不仅为自己赢得了 15 天的晚婚假并且还有工资拿，美美地结婚去了。

权利解析

上述案例所体现的是我国公民符合晚婚条件时应该享有的权利。

所谓晚婚，是指男女按法定结婚年龄推迟3岁以上，即男年满25周岁、女年满23周岁以上结婚的。我国《婚姻法》在规定法定结婚年龄的同时，还规定了晚婚晚育应予以鼓励，并且现行计划生育政策也鼓励晚婚，这对于降低我国人口增长、缓解人口压力是非常必要的。晚婚年龄是计划生育法规所规定的提倡结婚年龄，所以与法定婚龄不同，它不是强制性的，而只是鼓励性、提倡性的结婚年龄。

对于晚婚，我国相关政策是鼓励的并且也有一定的奖励，也就是如果是晚婚的话可以享受一些独有的权利，即我们所说的晚婚权。比如符合晚婚年龄的初婚夫妻，除国家规定的婚假3天外，再增加婚假15天；双方达到双方享受，一方达到一方享受。15天的晚婚假只是一个笼统的规定，各个地区还可以根据当地具体情况另行规定。总而言之，达到晚婚年龄结婚的一定会增加婚假，这是我们公民应该享有的权利，并且所享受的休假视为出勤，工资照发，其奖金额由享受者所在单位自行规定。

另外值得注意的是，晚婚的前提是必须男女双方都为初婚，任何一方是再婚都不属于晚婚。并且初婚的年龄不能以举办婚礼的日期来计算。

权利依据

《中华人民共和国婚姻法》

第六条 结婚年龄，男不得早于二十二周岁，女不得早于二十周岁。晚婚晚育应予鼓励。

《中国人口与计划生育条例》

第二十五条 公民晚婚晚育，可以获得延长婚假、生育假的奖励或者其他福利待遇。

满 30 周岁具有收养权

——达到法定年龄有收养孩子的权利

案例背景

刘倩大学毕业和相恋多年的男朋友李松明结婚后，就相约一起前往深圳发展。刚到深圳的那几年，两人约定以事业为主，孩子等一切稳定以后再生。两个人为了能在深圳有一个真正属于自己的家，是起早贪黑、披星戴月。总算是皇天不负有心人，两人的辛劳得到了回报，两人在深圳不错的地段买了一套大三居。

刘倩和李松明在深圳买了房子以后，家里的老人就开始催促他们二人赶快要一个孩子，年龄再大了就不好生了。两人听从老人的安排积极备孕，空闲下来就翻阅一些准爸爸、准妈妈的相关书籍和育儿宝典。但是事与愿违，一年过去了，刘倩的肚子还是没有动静，她十分着急，她都 31 岁了，再不生就真成高龄产妇了。于是二人就到医院做了一个全面检查，检查结果是刘倩因为以前流过产，导致子宫壁膜薄，受孕概率几乎为零。

拿着医院的检查报告单，李松明十分懊悔，懊悔自己不应该为了事业、房子让刘倩流产，现在想要孩子却怀不上了。但是一个家庭没有孩子就不是一个完整的家，最后两人商量去领养一个孩子。星期天，两人来到了当地的福利机构咨询关于收养的相关规定，经过咨询了解到我国关于收养有明确规定，即收养人应当同时具备四个条件才可以收养小孩，那就是无子女；有抚养教育被收养人的能力；未患有在医学上认为不应当收养子女的疾病；年满30周岁等。刘倩现在31周岁，李松明33周岁，两人有抚养孩子的能力并且两人身体都健康，没有医学上认为不应当收养子女的疾病。很快两人就提供了相关证明材料，顺利收养了一个3岁的小女孩，满足了刘倩当妈妈的愿望。

权利解析

上述案例所体现的是我国公民符合法定年龄时有选择收养孩子的权利。

收养是一种法律行为，其目的在于使没有父母子女关系的人们之间产生法律上拟制的父母子女关系。它不是依靠血缘，而是按法律规定的程序建立起来的一种直系亲属关系。我国《收养法》第六条对收养人规定的四个必备条件里，明确规定收养人必须年满30周岁，如果年满30周岁后，即使是单身的人也可收养子女。我国法律规定收养人必须年满30周岁，是有一定道理的。30岁即中国人通常所说的而立之年，这个年龄的男女工作生活都趋于稳定，这个年龄收养孩子的话对孩子的生活、学习和成长都是十分有利的。另外我国法律还规定单身男性收养女孩年龄必须相差40周岁，单身女性则没有这方面的限制。单身收养人同样要具有一定的抚养能力，身体健康，没有不良记录等。

虽然我国相关法律没有关于收养人年龄上限的规定，但是原则上收养人不超过60周岁为宜。因为从实际考虑，年纪太大的老人在生活中还需要别人的照顾，肯定也没有精力去照顾孩子。尤其是在教育方面，老年人的思维跟不上时代的步伐，不利于被收养人的健康成长。

权利依据

《中华人民共和国收养法》

第六条　收养人应当同时具备下列条件：

（一）无子女；

（二）有抚养教育被收养人的能力；

（三）未患有在医学上认为不应当收养子女的疾病；

（四）年满三十周岁。

第十条　……

有配偶者收养子女，须夫妻共同收养。

第十一条　收养人收养与送养人送养，须双方自愿。收养年满十周岁以上未成年人的，应当征得被收养人的同意。

选举权和被选举权

——年满 18 周岁享有选举与被选举的权利

案例背景

　　2014 年 8 月 23 日下午，孙某、丁某等人为了帮董某顺利当选某区人民代表大会代表，纠集了几个人，严重破坏选举行为。他们将该区的人口划为两部分，一部分是 20 周岁以上的人，一部分是 20 周岁以下的人。他们称，20 周岁以上的人，愿意选举董某的，每人奖励 100 元，而对于 20 周岁以下的人，他们认为还都是孩子，不应该享有选举权。有贪财的人家指出，家中有18周岁的孩子，具有选举权，如果选了董某，也应该得到100元的奖励。

后来，董某、丁某、孙某等人的行为遭到举报。后董某、丁某、孙某等分别被检察院以破坏选举罪提起公诉，后被法院定罪量刑。

权利依据

案例中，为争得"选举奖励"而主张年满18周岁的人具有选举权，虽然看起来有些可笑，但从选举权与被选举权获得的年龄问题上来看，确实有法律依据。我国《宪法》第三十四条规定，中华人民共和国年满18周岁的公民，不分民族、种族、性别、职业、家庭出身、宗教信仰、教育程度、财产状况、居住期限，都有选举权和被选举权；但是依照法律被剥夺政治权利的人除外。

选举权，是指我国公民依照法律规定享有参加选举全国和地方各级人大代表的各项活动的权利。被选举权，指公民有被选举为国家权力机关的代表和其他公职人员，代表人民意志亲自参加国家政治生活的权利。

选举权和被选举权是我国人民当家做主的体现，也是公民参政议政的体现。凡是具有选举权的公民都应该认真行使自己的选举权，同时也不得妨害他人正常行使选举权。对于妨害他人行使选举权、破坏选举的行为要坚决予以制止，情节严重的还要接受《刑法》的制裁。对此，我国法律也态度鲜明，如我国法律坚决制止以金钱或财物贿赂选民、阻碍选举的行为；禁止以暴力、威胁、欺骗或其他手段妨害选举的行为；打击伪造选举文件、虚报选举票数的行为；保护对选举中出现的违法行为提出控告申诉的人，禁止对控告检举人打击报复。可见，公民的选举权不能被随意剥夺，被剥夺选举权的公民，有权拿起法律武器维护自己的合法权利。

权利依据

《中华人民共和国宪法》

第三十四条 中华人民共和国年满十八周岁的公民，不分民族、种族、性别、职业、家庭出身、宗教信仰、教育程度、财产状况、居住期限，都有选举权和被选举权；但是依照法律被剥夺政治权利的人除外。

《中华人民共和国全国人民代表大会和地方各级人民代表大会选举法》

第三条 中华人民共和国年满十八周岁的公民，不分民族、种族、性别、职业、家庭出身、宗教信仰、教育程度、财产状况和居住期限，都有选举权和被选举权。

依照法律被剥夺政治权利的人没有选举权和被选举权。

18周岁获得完全民事行为能力权

——已经是成年人

案例背景

郭某的母亲于2008年去世，那年郭某只有13岁。郭某的母亲去世之后，因郭某父亲忙于工作，年幼的郭某便随她的爷爷、奶奶生活。2012年，郭某的父亲与姚某再婚。父亲再婚后，郭某仍然与爷爷、奶奶共同生活，并未搬去与父亲及继母生活。爷爷、奶奶疼爱郭某，于是背着郭某的父亲及继母留下遗嘱，将两人多年的存款10万元及房产一套都留给郭某，由郭某继承。

2013年冬，郭某的爷爷、奶奶先后离世。

爷爷、奶奶去世后，郭某要求依据两位老人的遗嘱继承遗产。郭某的父亲认为郭某虽然已经成年，但是刚满18周岁，还是学生，心智等各方面还不成熟，管理这样大额的遗产不妥当，遂提出由自己代管。郭某认为自己是成年人，父亲已经侵犯了自己的继承权，于是郭某与父亲多次协商无果的情况下，一纸诉状将父亲告上了法庭。法庭经过审理后认为郭某已经年满18周岁，是成年人，具有完全民事行为能力，可以独立地进行民事活动，支持了郭某的诉讼请求。

权利解析

完全民事行为能力权是指行为人获得完全独立地进行民事活动，通过自己的行为取得民事权利和承担民事义务的资格。我国以年龄和智力状况作为判断行为能力的依据，以达成年、精神状况正常，能完全辨认自己行为及其后果的自然人，是具有完全民事行为能力的人。完全民事行为能力人可以独立进行民事活动。

根据我国现行《中华人民共和国民法通则》第十一条的规定，18周岁以上的公民是成年人，具有完全民事行为能力，可以独立进行民事活动，是完全民事行为能力人。16周岁以上不满18周岁的公民，以自己的劳动收入为主要生活来源的，视为完全民事行为能力人。由此可知，年龄18周岁以上且精神正常的公民，则自然具有完全民事行为能力，获得完全民事行为能力权。完全民事行为能力人主要考虑的是自然人的智力状态，而不考虑自然人的经济状况。年满18周岁的自然人已经是成年人，一般来讲，根据人的生理和心理发展规律，达到成年年龄时就具备了相当的知识和社会经验，能够理智地处理自己的事务，实施各种行为，并能预见其或能产生的法律后

果。因此年满18周岁的自然人不管有没有经济收入，都属于完全民事行为能力人。

上述案例中，郭某已经年满18周岁，虽然还是学生，但是郭某已经成年，属于完全民事行为能力人。郭某可以独立地从事民事活动，郭某父亲的做法是错误的，法院判决符合我国的法律规定。

权利依据

《中华人民共和国民法通则》

第十一条 十八周岁以上的公民是成年人，具有完全民事行为能力，可以独立进行民事活动，是完全民事行为能力人。

十六周岁以上不满十八周岁的公民，以自己的劳动收入为主要生活来源的，视为完全民事行为能力人。

可 服 兵 役
——18周岁当兵到部队

案例背景

赵某的爷爷是一名退伍军人。赵某从小受爷爷的影响，自小就崇拜军人，怀揣着当兵的梦想。在赵某18周岁生日那天，他告诉父母他决定不上学了，他要当兵，圆他这么多年的当兵梦。赵某表示他现在辍学，并不代表就放弃学习，他可以在部队边训练边学习，如果有机会还可以考军校。赵某请求父母同意他的想法，尊重他的决定。然而赵某的父母却坚决不同意赵某的做法，一方面是因为赵某的爷爷是军人，但是退伍时落下了一身伤，赵某是他们唯一的儿子，还这么小，他们舍不得；另一方面赵某的学习很好，以赵某的成绩可以考上重点大学，上大学赵某才能有更好的前途。

赵某理解父母的不舍及顾虑，但是赵某也不愿意放弃自己的梦想。于是在接下来的日子里，赵某用各种方式试图劝说父母，终于在征兵前得到了父母的同意。18 岁的赵某顺利通过了体检，正式成了一名义务兵。赵某怀着美好的憧憬，带着亲人的嘱托，跨入了绿色军营，开始了自己的军旅生涯。

权利解析

服兵役指根据法律规定由国家要求公民实行一定期限的参军义务。我国实行的是义务兵和士官相结合的兵役制，义务兵服役期限为 2 年。法律上规定，年满 18 周岁的中华人民共和国公民可服兵役。

根据我国现行《兵役法》第十二条的规定，每年 12 月 31 日以前年满 18 周岁的男性公民，应当被征集服现役。当年未被征集的，在 22 周岁以前仍可以被征集服现役，普通高等学校毕业生的征集年龄可以放宽至 24 周岁。这就是说，依法服兵役是每个公民的义务，而不是权利。权利可以放弃，但义务是不能放弃的。从军报国是每一个公民，特别是适龄青年应尽的法律义务和社会责任。这种义务具有不可抗拒的约束性和强制力。依据本条规定，18 周岁的男性公民有依法服兵役的义务，18 周岁人体的一切机能开始走向成熟，被社会定义为"成人"，不再享受未成年人保护法的呵护，但是可以享受成年人享有的任何权利，也应该履行其应该履行的任何义务。只是因受征兵名额限制，兵役机关可以不征集适龄青年，但作为适龄青年要随时做好被征集的准备，一旦国家需要，就应积极应征，而绝不能拒绝。

上述案例中赵某已经年满 18 周岁，已经成年，符合我国兵役法的规定，可以依法服兵役。当然这并不是鼓励正在就读的学生辍学服兵役，我国法律同时规定当年未被征集的，在 22 周岁以前仍可以被征集服现役。赵某主动履行服兵役义务的做法是值得赞赏的。

权利依据

《中华人民共和国兵役法》

第十二条　每年十二月三十一日以前年满十八周岁的男性公民，应当被征集服现役。当年未被征集的，在二十二周岁以前仍可以被征集服现役，普通高等学校毕业生的征集年龄可以放宽至二十四周岁。

根据军队需要，可以按照前款规定征集女性公民服现役。

根据军队需要和本人自愿，可以征集当年十二月三十一日以前年满十七周岁未满十八周岁的公民服现役。

大学毕业生超年龄服兵役权

——大学毕业生征兵年龄可放宽至 24 周岁

案例背景

宋某的母亲是一位中学教师，父亲则是一名军队转业的干部。在宋某小时候，常常与父亲聚少离多，他一直跟着母亲在学校的家属院里长大。每每也只能在母亲放了寒暑假时，才能带着他到军营去住上一段日子。从小的耳濡目染，宋某对教师的职业很尊敬，于是在考大学时在母亲的要求下，宋某也毫无怨言地报考了师范学院。

宋某考上大学以后，却并不想自己的一生去重复母亲的平凡。他从小就见过军营里一排排高大威武的巨炮，听过嘹亮雄壮的战歌，他对军人产生了一种特殊的情感。他一直梦想去部队找寻属于自己的、不平凡的一生。于是，宋某抱着天高任鸟飞、海阔凭鱼跃的理想，将绿色军营定格为实现自己人生价值的舞台。宋某23岁大学毕业后，便在父母的支持下报名参军，并顺利地通过了体检、政审，成了一名光荣的义务兵。

权利解析

服兵役指根据法律规定由国家要求公民实行一定期限的参军义务。我国实行的是义务兵和士官相结合的兵役制，义务兵服役期限为2年。法律上规定，18周岁至22周岁的中华人民共和国公民可服兵役，另普通高等学校毕业生的征集年龄可以放宽至24周岁。

根据我国现行《兵役法》第十二条的规定，每年12月31日以前年满18周岁的男性公民，应当被征集服现役。当年未被征集的，在22周岁以前仍可以被征集服现役，普通高等学校毕业生的征集年龄可以放宽至24周岁。这就是说，依法服兵役是每个公民的义务，而不是权利。权利可以放弃，但义务是不能放弃的。国家鼓励普通高等学校毕业生服兵役，并将其年龄放宽至24周岁。大学生当兵是军队建设的需要，是现代化国防的需要。进一步优化军队，提高军队从事技术战争的能力需要有高素质的兵员。同样要适应现代军事变革，打赢技术战争，必须提高兵员的素质。大学生素质相对比一

般兵员素质要高，学习掌握新技术也更快，因此国家鼓励和号召大学生当兵。当然在鼓励大学生当兵的同时，国家也必须考虑到大学生要面临的理想和现实的选择，光靠精神上的鼓励恐怕还是不够的，还要解决他们的后顾之忧、调动他们的积极性。

上述案例中宋某虽然已经23周岁，超过了普通征兵年龄，但是因为宋某是大学毕业生，国家将大学毕业生年龄放宽至24周岁，宋某仍然可以服兵役。宋某大学毕业能主动履行服兵役的义务是值得我们学习和鼓励的。

权利依据

《中华人民共和国兵役法》

第十二条 每年十二月三十一日以前年满十八周岁的男性公民，应当被征集服现役。当年未被征集的，在二十二周岁以前仍可以被征集服现役，普通高等学校毕业生的征集年龄可以放宽至二十四周岁。

根据军队需要，可以按照前款规定征集女性公民服现役。

根据军队需要和本人自愿，可以征集当年十二月三十一日以前年满十七周岁未满十八周岁的公民服现役。

申请小汽车驾驶证

——18周岁至70周岁可驾驶小型汽车等

案例背景

　　陈天高中毕业后，顺利考入了一所重点大学。但是，离学校入学还有两三个月，陈天就只是在家里放松，也没干什么别的事。他的表哥刚上完大二，准备暑假回家考小汽车驾驶证，他看陈天也在家闲着没事，就鼓动他和自己一起考小汽车驾驶证。

　　驾校的教练一听说陈天是高中生，就立马拒绝给他报名。兄弟俩赶紧纠正是高中毕业，今年刚满18周岁，驾校这才给陈天报上了名。结果，花了两个月时间，陈天在开学之前就把小汽车驾驶证拿到了手，这个暑假也没有白费。

权利解析

　　小汽车驾驶证，是指依法允许学习驾驶小型汽车的人员，通过学习，掌握了交通法规知识和驾驶技术后，经管理部门考试合格，核发驾驶小型汽车的法律凭证。

　　驾驶小汽车的许可是通过小汽车驾驶证的核发来实现的，这表明了获取小汽车驾驶证是一种具有一定格式的行为，必须有专门机关来核发。另外，驾驶小汽车需要一定的驾驶技能，缺少这种技能的人如果随意驾驶小汽车，

就有可能发生交通事故，一般人无证不能上路行驶。但对于已具备安全驾驶技术的人他们在道路上驾驶小汽车，这种允许的证件就叫"小汽车驾驶证"，是一种许可证明。

但是，要学习驾驶小汽车、申请小汽车驾驶证首先必须达到一定年龄。估计我国《机动车驾驶证申领和使用规定》第十一条的规定，申请机动车驾驶证的人，年龄条件应当符合下列规定，即申请小型汽车、小型自动挡汽车、残疾人专用小型挡载客汽车、轻便摩托车准驾车型的，在18周岁以上70周岁以下。申请小汽车驾驶证的人必须是在18周岁以上70周岁以下，也就是说，一般只要是年龄在18—70周岁之间就可以申请小汽车驾驶证。这一规定，将以往申请小汽车驾驶证人员的年龄从60周岁放宽至70周岁，大大增加了小汽车驾驶者的比重，满足了很多老年人驾驶小汽车的心愿，方便了生活。

再者，年满18周岁就可以申请小汽车驾驶证，这一年龄限制与成年年龄相同，这意味着其生理、心理成熟并能够承担驾驶小汽车的相关责任。而不满18周岁的人，即使因为某些因素，已经会开小汽车，那也不能申请小汽车驾驶证，更不能自己驾驶小汽车上路，而对带领不满18周岁的人上路手把手教驾驶小汽车的行为，应当予以禁止，这是极不安全的，也是对自己和他人的不负责任。同时，年满18周岁就可以申请小汽车驾驶证，也是其一生的法律权利。同时，年满20周岁就可以申请大货车驾驶证，这也是其一生的法律权利，受我国法律的保护，任何人不可剥夺。当该权利受到不法侵害时，权利享有者可以向法院或有关主管部门申诉或请求保护。

权利依据

《机动车驾驶证申领和使用规定》

第十一条　申请机动车驾驶证的人，应当符合下列规定：

（一）年龄条件

1.申请小型汽车、小型自动挡汽车、残疾人专用小型挡载客汽车、轻便摩托车准驾车型的，在十八周岁以上、七十周岁以下；

……

申请大货车驾驶证
——20周岁至50周岁可驾驶大型货车

案例背景

孙浩从小学习不好，到了高中实在是学不下去了，混到高中毕业后，就辍学在家。孙浩有时会跟着村里人干些活。他当过小工，也干过不少别的杂活儿。眼看已经20出头了，家里人寻思着给他找个正经活儿干。

村里有几条大路，每天都会有拉土、拉沙、拉石子的大货车经过，看着需求挺多的，听说也挺挣钱的。于是，家里人就让孙浩去考大货车驾驶证。没多久，孙浩就拿下了大货车驾驶证，有了自己正式的工作，不再一味靠着家里养活。

权利解析

大货车驾驶证，是指依法允许学习驾驶大型货车的人员，通过学习，掌

握了交通法规知识和驾驶技术后，经管理部门考试合格，核发驾驶大型货车的法律凭证。

驾驶大货车需要一定的驾驶技能，缺少这种技能的人如果随意驾驶大货车，就有可能发生交通事故，一般人无证不能上路行驶。对于已具备安全驾驶技术的人他们在道路上驾驶大货车，需要得到驾驶大货车的许可，这种允许的证件就叫"大货车驾驶证"，是一种许可证明。而获取驾驶证是一种具有一定格式的行为，必须由专门机关来核发。

但是，要学习驾驶大货车、申请大货车驾驶证首先必须达到一定年龄。根据我国《机动车驾驶证申领和使用规定》第十一条的规定，申请机动车驾驶证的人，年龄条件应当符合下列规定，即申请城市公交车、大型货车、无轨电车或者有轨电车准驾车型的，在20周岁以上50周岁以下。申请大货车驾驶证的人必须是在20周岁以上50周岁以下，也就是说，一般只要是年龄在20—50周岁之间就可以申请大货车驾驶证。年满20周岁者可以申请大货车驾驶证，这一年龄限制略高于成年年龄，这意味着对驾驶大货车人员的身心要求更高一些，并因而能够承担驾驶大货车的相关责任。

然而，不满20周岁的人，即使已经能开大货车，但因为年龄原因，也不能够申请大货车驾驶证，更不能自己驾驶大货车上路。对不满20周岁而驾驶大货车的行为应当予以禁止，这是非常不安全的，也是对自己和他人生命的不尊重。同时，年满20周岁就可以申请大货车驾驶证，这也是他的法律权利，是他享有的一种利益、主张，更是一种资格，受我国法律的保护，任何人不可剥夺。这也是权利享有者的一项自由，他可以申请也可以不申请，在他有这个资格时可以决定什么时候申请以及申请的地点。当该权利受到不法侵害时，权利享有者可以向法院或有关主管部门申诉或请求保护。

权利依据

《机动车驾驶证申领和使用规定》

第十一条 申请机动车驾驶证的人，应当符合下列规定：

（一）年龄条件

......

3.申请城市公交车、大型货车、无轨电车或者有轨电车准驾车型的，在二十周岁以上，五十周岁以下；

......

申请大型客车驾驶证

——26周岁至50周岁可驾驶大型客车

案例背景

沈康曾经考取了大货车驾驶证，在附近村子间开了几年大货车，有过开车经验，也攒了一些积蓄。之后，他谈了女友，已经谈婚论嫁。不过女方是市里人，沈康家只在村子里，他答应女友以后去市里发展。所以，在26周岁时，沈康申请了大型客车驾驶证并顺利通过了考试，取得了大型客车的驾驶资格。之后，沈康在本市一家客运公司工作。这时，两人才放心地结婚了。

权利解析

大型客车驾驶证，是指依法允许学习驾驶大型客车的人员，通过学习，掌握了交通法规知识和驾驶技术后，经管理部门考试合格，核发驾驶大型客车的法律凭证。年满26周岁的人就可以申请大型客车驾驶证。这一权利是基于26周岁的人基本符合驾驶大型客车的各方面要求的特点而设定的。

根据我国《机动车驾驶证申领和使用规定》第十一条规定，申请机动车驾驶证的人，应当符合下列规定：申请大型客车准驾车型的，在26周岁以上50周岁以下。也就是说，一般只要是年龄在26周岁到50周岁之间就可以申请大型客车驾驶证。年满26周岁才可以申请大型客车驾驶证，这一年龄限制高于成年年龄，这意味着驾驶大型客车并承担相关责任的要求更高。

与此同时，年满26周岁可以申请大型客车驾驶证，也是一项法律权利。对于该项权利，当事人有绝对的自由，既可以申请也可以不申请，可以决定什么时候申请以及申请的地点。一般来说，只要年龄在26周岁以上50周岁以下，他就是这项权利的主角。当该权利受到不法侵害时，权利享有者可以向人民法院或有关主管部门申诉或请求保护。而不满26周岁的人，即使因为某些因素，已经会开大型客车，那也不能申请大型客车驾驶证，更不能自己驾驶大型客车上路。

权利依据

《机动车驾驶证申领和使用规定》

第十一条 申请机动车驾驶证的人，应当符合下列规定：

（一）年龄条件

......

6.申请大型客车准驾车型的，在二十六周岁以上，五十周岁以下。

......

第四节　31—59 周岁的法律权利

女性工人满 50 周岁退休权

——女性工人年龄满 50 周岁，工龄满 10 年的
依法享有退休的权利

案例背景

　　生活在极地市的周阿姨今年49岁，在极地市的一家皮具加工厂从事女性钱包制作工作已经12年，算得上是厂里的资深工人了。周阿姨这段时间特别开心，因为再有1个月零19天，她就满50周岁，可以退休了，她可以拿着退休金去全国各地好好游玩，也可以有更多时间照顾小孙女。因此，当她过完50周岁后的第二天便迫不及待地去向公司领导申请退休，但没想到的是领导却说："虽然法律规定女性可以50周岁退休，但在我们公司的规定里，女性职工55周岁才可以退休，你现在不能退休。你要退休也可以，公司是不会给你退休金的，只能当你辞职。"听到这番话，周阿姨特别气愤，找到了红太阳法律咨询中心，咨询中心的工作人员告诉周阿姨："虽然每个公司可以有自己的章程规定，但是公司的规定是不可以和法律规定相冲突的。"于是周阿姨找了李律师跟公司协商谈判，谈判的结果是公司决定周阿姨现在可以退休，但退休金只能55周岁以后拿。周阿姨对这一结果感到不

满，觉得明明是自己的合法权利，为什么要让步。于是周阿姨把公司告上了法院，要求公司准许其退休，并且从退休时起每月支付其退休金。最后法院判决支持了周阿姨的诉讼请求。

权利解析

女性工人的退休权，指的是不论是国家机关、事业单位，还是私营企业、人民团体的女性工人，只要年满50周岁，连续工龄满10年的，就可以退休。根据科学研究表明，女性比男性更容易衰老，因此把女性工人的退休年龄规定到了50周岁，而男性的退休年龄相对要长一些。因此，我国《国务院关于工人退休、退职的暂行办法》（以下简称《办法》）第一条规定："全民所有制企业、事业单位和党政机关、群众团体的工人，符合下列条件之一的，应该退休：（一）男年满60周岁，女年满50周岁连续工龄满10年的。"这是年满50周岁的女性工人退休权的保障和依据。

另外第二条规定："工人退休以后，每月按下列标准发给退休费，直至去世为止……"这表明了，工人从退休时开始直至死亡，每个月都享有领取相应退休费的权利。如果工人的上述权利遭到侵害，那么他们可以拿起法律武器来捍卫自己的权利。

具体到上述案例中，周阿姨所在公司开始时的做法不仅侵害了周阿姨的退休权，而且侵害了周阿姨向企业领取相应退休费的权利。周阿姨有权利将公司告上法院，周阿姨依照法律维护权利的行为也值得鼓励和学习。法院判决支持周阿姨的诉讼请求，要求公司准许周阿姨退休并每月支付退休金是正确的，是符合我国法律规定的。

权利依据

《国务院关于工人退休、退职的暂行办法》

第一条 全民所有制企业、事业单位和党政机关、群众团体的工人，符合下列条件之一的，应该退休：

（一）男年满六十周岁，女年满五十周岁，连续工龄满十年的。

……

第二条 工人退休以后，每月按下列标准发给退休费，直至去世为止：

（一）符合第一条第（一）、（二）、（三）项条件，抗日战争时期参加革命工作的，按本人标准工资的90%发给。解放战争时期参加革命工作的，按本人标准工资的80%发给。中华人民共和国成立后参加革命工作，连续工龄满20年的，按本人标准工资的75%发给；连续工龄满15年不满20年的，按本人标准工资的70%发给；连续工龄满10年不满15年的，按本人标准工资的60%发给。退休费低于25元的，按25元发给。

46周岁获得永久效力身份证权

——46周岁以上的公民依法享有取得永久效力身份证的权利

案例背景

老张今年56岁了，他准备过年的时候和老伴去海南玩。老张的儿子帮他们在网上订了机票。走的当天，老张老两口去取票，服务人员却告诉老张他的身份证到期了，没法取票。老张一看自己的身份证是1994年5月10日办的，有效期是20年，到2014年5月10日过期，今天是2015年1月28日了，身份证确实过期了，他可以现在去找相关单位开个临时证明，但时间不允许了，因此老张和他的老伴没有上飞机，白花了3000多元的机票钱。

第二天，老张去找当地公安局重新办理身份证。由于公安局办理身份证的人很多，工作人员都非常忙，等到老张办理的时候，工作人员给老张办理了为期10年的身份证。当一段时间后，老张拿到身份证时，想和老伴完成本应完成的海南之旅，这下为了保险起见，老张把自己和老伴的身份证直接给了儿子，让儿子买票。老张的儿子是当地一家律师事务所的律师，他发现老张的身份证有效期是10年，明显不符合法律规定，于是带着老张去找当地公安局，要求重新办理。公安局的工作人员向老张赔礼道歉，主动承认了错误，并为老张重新办理了一张具有永久效力的身份证。

权利解析

拥有永久效力身份证的权利，指的是在我国，46周岁以上的公民，如果办理身份证的话，那么应该发给其长期有效的居民身份证，不再受时效的限制。在我国，对不同的年龄阶段办理居民身份证有不同的规定，公民16周岁以后46周岁以前办理的身份证都有时效性，过了有效期身份证便会失效，只有46周岁以后办理的身份证才能长期有效。我国《身份证法》第五条规定："十六周岁以上公民的居民身份证的有效期为十年、二十年、长期。十六周岁至二十五周岁的，发给有效期十年的居民身份证；二十六周岁至四十五周岁的，发给有效期二十年的居民身份证；四十六周岁以上的，发给长期有效的居民身份证。未满十六周岁的公民，自愿申请领取居民身份证的，发给有效期五年的居民身份证。"这就是我国《身份证法》对不同年龄段的公民办理的身份证有效期的规定。

在上述案例中，老张已经56岁了，符合本法第五条第一款规定的第三部分，应该发给其具有永久效力的居民身份证。而公安局的工作人员却错误地发给了其具有10年有效期的身份证，明显违反了法律的规定。虽然公安局后来及时纠正了错误行为，但是还是要警示，应该得到相应的批评处罚。

权利依据

《中华人民共和国身份证法》

第五条 十六周岁以上公民的居民身份证的有效期为十年、二十年、长期。十六周岁至二十五周岁的，发给有效期十年的居民身份证；二十六周岁至四十五周岁的，发给有效期二十年的居民身份证；四十六周岁以上的，发给长期有效的居民身份证。

未满十六周岁的公民，自愿申请领取居民身份证的，发给有效期五年的居民身份证。

55周岁女性干部退休权

——女性干部退休年龄为55周岁

案例背景

李女士今年50周岁，现为中国建设银行某市分行的财务科科长。1988

年，李女士大学毕业后被分配到了建行某市分行工作，成了一名办公室的文员。1991年2月，李女士通过单位内部竞聘的方式成功晋升为财务科副科长，同时兼任办公室主任。2001年起，李女士担任财务科科长，期间还当选为工会副主席、主席，并被公司聘为经济师。在分行工作的20多年，李女士辛勤工作，获得不少荣誉。

然而，就在今年6月份的时候，李女士接到单位的通知。通知称，李女士今年已经50周岁，达到了国家规定的法定退休年龄，让其办理退休手续。李女士认为自己现在的身体较好，家庭负担也较轻，自己完全有精力和能力继续目前的工作，而且自己属于单位的中层干部，应该55周岁退休才对。于是李女士向单位提出交涉，希望让她继续工作。但单位回复李女士说，她已年满50周岁的法定退休年龄，必须退休。

李女士想不通，在儿子的支持下，决定用法律武器维护自己的权益，要求单位撤销退休决定。双方从劳动仲裁、经过人民法院一审，直至上诉至某市中级人民法院进行二审。最终，某市中级人民法院判决：依照我国《国务院关于安置老弱病残干部的暂行办法》第四条的规定，李女士作为建行某市分行的干部，符合55周岁退休的条件，故建行某市分行对李女士作出的退休决定属于违法。李女士最终如愿以偿，得以留在单位继续工作。

权利解析

法定退休年龄，就是我国法律法规确定的劳动者的退休年龄。按照国家法定的退休年龄办理退休、退职，是维护劳动者合法权益和劳动权利的根本保证。法定退休年龄主要是针对非务农的劳动者，主要包括国家公务员，比如北京市市长；事业单位工作人员，比如央视主持人；企业职工，比如本案中的李女士。

对于企业职工的法定退休年龄，在1978年颁布、现在仍然有效的《国务院关于安置老弱病残干部的暂行办法》中有明确规定，即男职工年满60周岁，女工人年满50周岁，女干部年满55周岁。本案中，李女士作为建行某市分行的女干部，并未达到55周岁的法定退休年龄。因此，建行某市分行要求其退休的决定是违法的，法院判决建行某市分行对李女士作出的退休决定属于违法是正确的。

随着时代的发展，社会条件已发生巨大变化，女性退休年龄较小如今在一定程度上限制了女性充分发挥自己能力贡献社会。因此，2015年2月，中组部和人力资源社会保障部联合下发的《关于机关事业单位县处级女干部和具有高级职称的女性专业技术人员退休年龄问题的通知》中要求，党政机关、人民团体中的正、副县处级及相应职务层次的女干部，事业单位中担任党务、行政管理工作的相当于正、副处级的女干部和具有高级职称的女性专业技术人员，年满60周岁退休。不过《通知》中也称，上述女干部和具有高级职称的女性专业技术人员如本人申请，可以在年满55周岁时自愿退休。对此通知，符合条件的女同志一定要知晓，以便必要时据此来争取或维护自己的权利。

权利依据

《国务院关于安置老弱病残干部的暂行办法》

第四条 党政机关、群众团体、企业、事业单位的干部，符合下列条件之一的，都可以退休。

（一）男年满六十周岁，女年满五十五周岁，参加革命工作年限满十年的；

（二）男年满五十周岁，女年满四十五周岁，参加革命工作年限满十年，经过医院证明完全丧失工作能力的；

（三）因工致残，经过医院证明完全丧失工作能力的。

55周岁男性工人退休权

——工作满10年且繁重或有害工作男性退休年龄为55周岁

案例背景

周某，生于1958年10月1日，现年57岁。1981年，周某积极响应国家号召应征入伍，1984年申请转业。得到组织批准后，周某被部队的安置办公室安排到了某省交通厅的工程队工作，从事的工作是沥青路面的铺设和修理。由于地处边疆，工作条件非常艰苦，周某常年在外经受风吹日晒，同时还要忍受沥青刺激气味的折磨。

2005年，周某因身体原因被调至工程队办公室工作。2015年5月1日，周某的妻子因脑瘤住院并于当月做了特大型脑肿瘤手术摘除术。手术后，周某妻子的命是保住了，但是留下了后遗症，左侧肢体活动不方便，生活需要人照顾。周某的朋友听说了周某的情况，说周某符合男性55岁提前退休的特殊条件，建议周某提前退休，以便照顾妻子。

周某经过打听得知，自己曾经从事过特殊工种，而且以前的老同志都是55岁的时候退休的，周某于是向当地人社局提出特殊工种提前退休申请。当地人社局经过审查，认为周某不属于特殊工种，于是作出了《不予退休决定书》。周某不服，于是向法院提起了行政诉讼。经过一审、二审，最后法院根据我国《国务院关于工人退休、退职的暂行办法》第一条的规定，认定

周某从事的沥青路面铺设工作属于有害身体健康的特殊工种范围，而且周某连续工龄满 10 年，符合提前退休的条件，判决人社局作出的不予批准提前退休决定违法，应予撤销。最终，周某顺利地办理了提前退休。

权利解析

工人，对社会主义革命和建设做出了应有的贡献。妥善安置他们的生活，使他们愉快地度过晚年，这是社会主义制度优越性的具体体现，同时也有利于工人队伍的精干，对实现我国现代化，必将起促进作用。

目前我国男性工人退休年龄依然是适用 1978 年 6 月国务院颁发的《关于工人退休、退职的暂行办法》中的规定。根据该《办法》可知，可以办理提前退休的情况有以下几种：一、男年满 60 周岁，女年满 50 周岁，连续工龄满 10 年的；二、从事井下、高空、高温、特别繁重体力劳动或者其他有害身体健康的工作，男年满 55 周岁、女年满 45 周岁，连续工龄满 10 年的；三、男年满 50 周岁，女年满 45 周岁，连续工龄满 10 年，由医院证明，并经劳动鉴定委员会确认，完全丧失劳动能力的；四、因工致残，由医院证明，并经劳动鉴定委员会确认，完全丧失劳动能力的。

由上述可知，从事井下、高空、高温、特别繁重体力劳动或者其他有害身体健康的工作，男年满 55 周岁、女年满 45 周岁，连续工龄满 10 年的就可以申请提前退休。本案中，周某完全符合此条件，因此法院判决人社局作出的不予批准周某提前退休的决定违法是正确的，是完全符合我国法律规定的。周某的退休权是法律赋予其的权利，任何人不能剥夺。

权利依据

《国务院关于工人退休、退职的暂行办法》

第一条 全民所有制企业、事业单位和党政机关、群众团体的工人，符合下列条件之一的，应该退休。

（一）男年满六十周岁，女年满五十周岁，连续工龄满十年的。

（二）从事井下、高空、高温、特别繁重体力劳动或者其他有害身体健康的工作，男年满五十五周岁、女年满四十五周岁，连续工龄满十年的。

本项规定也适用于工作条件与工人相同的基层干部。

（三）男年满五十周岁，女年满四十五周岁，连续工龄满十年，由医院证明，并经劳动鉴定委员会确认，完全丧失劳动能力的。

（四）因工致残，由医院证明，并经劳动鉴定委员会确认，完全丧失劳动能力的。

第五节　60—80 周岁的法律权利

步入法律规定的老年年龄

——60 周岁，老年阶段的开始

案例背景

　　杨大娘年轻时就守寡，辛辛苦苦将两个儿子抚养成人。现两个儿子都已成家立业，长子杨某甲在全家人的帮助下盖起了新房。而次子杨某乙则一直随同杨大娘生活在老房子里。年逾 60 岁的杨大娘怕自己百年以后，两个儿子因为房子的问题发生争执。于是，杨大娘便把原属自己名下的老房产过户给了小儿子杨某乙。杨某甲得知此事后，常与杨大娘争吵，认为她不和自己商量就将房屋过户给杨某乙，明显是偏袒杨某乙，并以此为由声称不再赡养杨大娘。

　　杨大娘没有退休金，年轻时过于操劳，身体已经累垮，虽然刚过 60 周岁，但是已经没有劳动能力。杨大娘也没有其他的经济来源，次子杨某乙生活也不富裕。最终，忍无可忍的杨大娘将长子杨某甲告上法院，要求杨某甲每月支付赡养费并依法承担今后生病住院的医疗费。法院最终判决杨某甲每月给付杨大娘赡养费 260 元，并与杨某乙共同承担杨大娘今后的医药费。

94

权利解析

老年人顾名思义是上了年纪的人或者是较老的人，我国对老年人的定义为 60 周岁以上的人群。

根据我国现行《老年人权益保障法》第二条规定，本法所称老年人是指 60 周岁以上的公民。由此可知，我国老年人的年龄起点标准是 60 周岁，即凡年满 60 周岁的中华人民共和国公民都属于老年人。而划分老年人的标准主要是以人的生理机能开始衰老为依据。我国公民 60 岁后，体质一般已发生明显的变化，一般不能再承担繁重的工作和重体力劳动。所以，60 岁作为老年人的起点年龄，符合我国大多数人的身体状况。而老年人在年轻时曾经为社会的发展进步做出了巨大的贡献，待到年迈时本应该享有享受社会福利的权利，这种责任是应当由国家、社会与家庭来共同承担的。敬老、爱老，是我国一贯执行和提倡全社会都应具备的公德意识和文化素养，我国也以法律的形式来保护老年人的各项权利。老年人的权利包括从社会获得物质帮助的权利、受赡养的权利、婚姻自由权、财产所有权、继承权、参与社会发展权等。

上述案例中杨大娘已经年满 60 周岁，属于我国法律意义上的老年人，且丧失劳动能力，无其他经济来源，依法应该有受赡养的权利。而作为子女对父母有赡养扶助的义务，包括在经济上供养、在生活上照料和在精神上慰藉，因此，在赡养人不履行赡养义务时，老年人有要求赡养的权利，也有要求赡养人支付赡养费的权利。杨大娘在杨某甲不履行法定的赡养义务时，有权利拿起法律武器来维护自己的权益。法院的依法判决保障了杨大娘的合法诉求。

60 周岁男性干部退休权

——男性公务员的退休年龄为 60 周岁

案例背景

李某是某市建设局的副局长，他 20 岁便参加工作。当年的他满怀着对工作的热爱，在最普通的岗位上发挥着自己微薄的力量。他工作认真、踏实，努力上进，十几年的时间由一名普普通通的小科员升职到了建设局的副局长。李某任职建设局副局长后，工作更多、更累，很少有时间陪伴自己年迈的母亲及一直支持自己的妻儿，他对他的亲人充满着愧疚。他工作不堪重负之时，他就想退休后一定更要返回故里，陪伴母亲、妻儿养养花、种种菜，过上恬淡、美好的田园生活。

2014 年春，李某度过了自己的 60 岁生日，达到了法定的退休年龄。他卸下了自己的工作责任，虽然有不舍，但是更多的是对退休后生活的向往。退休手续办好后，他没有再去为社会做奉献，没发挥余热，也不再为儿孙操劳。而是携着年迈的母亲及不再年轻的妻子真的返回了老家，试着过起了自由、轻松、自助、自信的老年生活，养花、种菜、养鸡，充分享受他一直向往的田园生活。

权利解析

退休是指劳动者因年老或因工、因病致残，完全丧失劳动能力或部分丧失劳动能力而退出工作岗位。现行退休年龄为，男性 60 周岁，女性 50 周岁。我国的男性干部包括工作条件与工人相同的基层干部在 60 周岁时便享有依法退休的权利。

根据我国现行《国务院关于安置老弱病残干部的暂行办法》及《国务院关于工人退休、退职的暂行办法》规定，党政机关、群众团体、企业、事业单位的干部、工作条件与工人相同的基层干部，符合男年满 60 周岁，女年满 55 周岁，参加革命工作年限满 10 年的都可以退休。显然，在我国男性公务员的退休年龄为 60 周岁。老年人因为年龄和身体的关系而离休、退休，是正常的，也是国家保护老年人权益的体现。在我国 60 周岁就已经步入老年人的行列了，依法应该享受老年人所享受的待遇。60 周岁的男性干部及 55 周岁的女性干部也由于年龄和身体关系不能继续坚持正常工作，而这些干部，在我国社会主义现代化建设的进程中，为党和人民做了许多工作，做出了很多贡献。因此，国家规定在达到法定年龄以后这些为国家做出过贡献和牺牲的干部就可以依法享有退休权，并妥善安置这些干部，使他们各得其所。虽然我国劳动法对退休年龄的规定是强制性的，即劳动者达到一定年龄

即可以从劳动就业队伍中退出，但需要注意的是这是公民的一种权利，不是一种义务。

上述案例中李某已经年满60周岁，达到了法定退休年龄，依法享有退休权。

权利依据

《国务院关于工人退休、退职的暂行办法》

第一条 全民所有制企业、事业单位和党政机关、群众团体的工人，符合下列条件之一的，应该退休。

（一）男年满六十周岁，女年满五十周岁，连续工龄满十年的。

（二）从事井下、高空、高温、特别繁重体力劳动或者其他有害身体健康的工作，男年满五十五周岁、女年满四十五周岁，连续工龄满十年的。本项规定也适用于工作条件与工人相同的基层干部。

（三）男年满五十周岁，女年满四十五周岁，连续工龄满十年，由医院证明，并经劳动鉴定委员会确认，完全丧失劳动能力的。

（四）因工致残，由医院证明，并经劳动鉴定委员会确认，完全丧失劳动能力的。

《国务院关于安置老弱病残干部的暂行办法》

第四条 党政机关、群众团体、企业、事业单位的干部，符合下列条件之一的，都可以退休。

（一）男年满六十周岁，女年满五十五周岁，参加革命工作年限满十年的；

（二）男年满五十周岁，女年满四十五周岁，参加革命工作年限满十年，经过医院证明完全丧失工作能力的；

（三）因工致残，经过医院证明完全丧失工作能力的。

不适用行政拘留权

——已满 70 周岁的人不适用治安管理行政拘留处罚的权利

案例背景

　　赵老头今年已经 73 岁高龄了，平常闲来无事就爱和小区里的邻居们吹牛皮。赵老头有一儿子是公安局依法佩戴枪支的特警。一次，赵老头和小区里的邻居们吹嘘，自己儿子的工作做得如何如何好，还可以随身佩戴枪支，邻居们不信。赵老头就说，你们等着，改天我拿来真枪给你们瞧瞧。没过几天，赵老头趁儿子不注意偷拿了儿子佩戴的枪支并带到小区公园给大家观看把玩。同在的李某觉得赵老头私自拿枪支出来事情重大，举报给了公安机关。公安机关工作人员赶到现场，将赵老头带回了公安局并收回其携带的枪支，还通知了赵老头的儿子。公安机关本该对赵老头进行行政拘留，但是调查发现赵老头已经 73 岁，遂仅对赵老头进行了批评教育，让赵老头的儿子将其带回进行普法知识教育。

　　本案中，赵老头私拿儿子枪支的行为已经触犯了我国《治安管理处罚法》中关于非法携带枪支的规定，是要受到行政拘留处罚的，但是由于赵老头已经 73 岁了，又符合已满 70 周岁不受行政拘留处罚的情形，所以公安机关仅对其进行了批评教育。

权利解析

　　此处的不适用行政拘留权，是指已满 70 周岁的人在违反我国《治安管理处罚法》应当受到行政拘留处罚时，由于其年纪过大（已满 70 周岁）而对其不适用行政拘留处罚的权利。需要注意的是，行为人年龄已满 70 周岁，不适用行政拘留处罚，如果已满 70 周岁的人违反治安管理应当受到警告、罚款的处罚时同样要对其进行处罚。行政拘留是一种最严厉的治安管理处罚，对已满 70 周岁的人不适用行政拘留处罚又体现了一种人文关怀。已满 70 周岁人的身体各方面的机能已经下降，体力、脑力都已经不能适应现实需要，如果对其适用行政拘留处罚进行人身自由限制，可能会对其身心造成一定的损害。所以，我国《治安管理处罚法》规定对已满 70 周岁的人不适用行政拘留处罚。

　　本案中，赵老头私自拿取儿子佩戴的枪支并将其带到公共场合，已经违反了我国《治安管理处罚法》中关于非法携带枪支的规定，理应对其处以行政拘留处罚，但是公安机关发现赵老头已年过 70 岁，仅对其进行了批评教育，而没有适用行政拘留处罚是合理合法的。

权利依据

《中华人民共和国治安管理处罚法》

　　第二十一条　违反治安管理行为人有下列情形之一，依照本法应当给予行政拘留处罚的，不执行行政拘留处罚：

　　（一）已满十四周岁不满十六周岁的；

　　（二）已满十六周岁不满十八周岁，初次违反治安管理的；

（三）七十周岁以上的；

（四）怀孕或者哺乳自己不满一周岁婴儿的。

第三十二条 非法携带枪支、弹药或者弩、匕首等国家规定的管制工具的，处五日以下拘留，可以并处五百元以下罚款；情节较轻的，处警告或者两百元以下罚款。

非法携带枪支、弹药或者弩、匕首等国家规定的管制工具进入公共场所或者公共交通工具的，处五日以上十日以下拘留，可以并处五百元以下罚款。

不适用死刑权

——审判的时候已满 75 周岁不适用死刑的权利，但以特别残忍手段致人死亡的除外

案例背景

老李今年已经 76 岁了，本来已经到了安享晚年的时候，但是偏偏在这一天发生了一件让人难以忘记的事。老李发现自己的儿媳妇与邻居王大壮有染，又不敢将实情告诉儿子，怕儿子一时冲动犯下错误。于是老李便决定独自一人去找王大壮和儿媳，打算将他们抓个现行，逼儿媳和自己的儿子离婚，但是事情总是出人意料。王大壮和儿媳并没有否认他们之间的关系，还提出要离婚可以，但是要老李拿出 5 万元的离婚补偿金。老李听了当即怒火中烧，心想他们干了这等事还想勒索，便与王大壮打了起来。老李不是王大壮的对手，一连吃了亏，看到外屋厨房有一把菜刀便顺手抄起，向王大壮的

腹部捅去，致使王大壮当场流血过多死亡。

公安机关赶到现场，经过调查，对老李以故意杀人罪移交检察院审查起诉。人民法院经过审理，认定老李故意杀人罪成立，按照故意杀人罪的规定，对老李可以判处死刑缓期两年执行，但是由于审判的时候老李已经过了75周岁，按照法律规定对老李又不应当适用死刑，所以人民法院判处老李无期徒刑。

权利解析

此处的不适用死刑权，是指已满75周岁的人犯罪，依照一般规定应当判处死刑时，由于其年纪过大（已满75周岁）而不对其适用死刑，以其他刑罚代替的权利。关于这项规定有三点需要注意：一、审判的时候已满75周岁。如果犯罪人犯罪的时候已经75周岁以上了，那么对其当然地不适用死刑；如果犯罪人犯罪的时候不满75周岁，但是审判的时候已满75周岁，那么也不应当适用死刑；如果犯罪人犯罪的时候不满75周岁，审判的时候也还没过75周岁生日，那么对其则可以适用死刑。二、以特别残忍手段致人死亡的除外。此处致人死亡的特别残忍手段是指肢解、毁容、烹煮等恶劣手段。之所以将特别残忍手段排除在外，是因为实施犯罪的手段在一定程度上反映了行为人的主观恶性，行为人用肢解、烹煮的方式致人死亡，足以反映出行为人的主观恶性极大，对于这种情况用足够严厉的刑罚处罚才足以起到警示社会的作用。三、不适用死刑。此处的死刑包括死刑立即执行和死刑缓期两年执行，即既不适用死刑立即执行也不适用死刑缓期两年执行，但是并不是说就不对其处以刑罚，还是可以对其处以无期徒刑、有期徒刑刑罚的。

本案中，老李犯故意杀人罪已经达到处以死刑的条件，但是老李在犯罪时已经 76 岁了，所以在审判的时候当然已满 75 周岁，根据法律规定，对其又不适用死刑，所以人民法院判处老李无期徒刑是恰当的。

权利依据

《中华人民共和国刑法》

第四十九条 犯罪的时候不满十八周岁的人和审判的时候怀孕的妇女，不适用死刑。

审判的时候已满七十五周岁的人，不适用死刑，但以特别残忍手段致人死亡的除外。

第二百三十二条 故意杀人的，处死刑、无期徒刑或者十年以上有期徒刑；情节较轻的，处三年以上十年以下有期徒刑。

从轻、减轻刑事处罚权
——已满 75 周岁可从轻或减轻处罚

案例背景

李强是公司的财务总监，在公司很受器重，但是在处理公司的一笔财务上出现了问题，会因此承担刑事责任。他的同事石鹤曾与他竞争这个职位，但是败下阵来，一直很不服气，知晓李强此事后，掌握了相关证据。另外，石鹤得知李强家境不错，他父亲虽已年近 80 岁，但还是挺有钱，并且非常爱护自己的儿子。因此，石鹤就以拜访为由去了李强家中。当时只有李强父亲在，他以举报李强财务上违法来威胁李强父亲，要求其汇款给自己，然后才会将证据销毁，否则，那他就让李强坐牢、身败名裂。李强父亲没有告知李强此事，不想让其担心，只是自己暗中"调查"，知道李强确有此事。期间，李强父亲已打钱给石鹤，但石鹤还不罢休，不仅没有销毁证据，还利用李强父亲护子心切多次索要钱财。终于有一次，李强父亲忍无可忍，往石鹤喝的水中下了毒药，导致了石鹤死亡。

权利解析

从轻、减轻刑事处罚权指对于符合刑法规定条件的人，享有在法定种类和幅度内判处较轻的刑罚，或在法定刑以下判处刑罚的权利。其中，我国《刑法》第十七条第五款规定，已满75周岁的人故意犯罪的，可以从轻或者减轻处罚；过失犯罪的，应当从轻或者减轻处罚。本案中，李强父亲害死石鹤，应该承担相应刑事责任，但他年近80岁，因而享有从轻、减轻刑事处罚权。

老年人之所以享有从轻、减轻刑事处罚权，是因为老年人犯罪有其自身特殊的原因。进入老年期后，人的判断能力下降，行为控制能力减弱，记忆力衰退，反应迟缓，老年人辨认和控制自己行为的能力会逐渐减弱，有的甚至会完全丧失，只有在特定情况下，才可能实施违法犯罪行为，老年人刑事责任能力较低。

对老年人犯罪的处罚，社会上存在两种不同的声音。一方面，有人认为老年人犯罪有其判断能力下降、缺少社会关心等客观原因，应视为弱势群体从宽处理。另一方面，也有人持反对意见，认为放宽对老年人的刑罚是一种放纵，从而会降低其处罚的预防功能，可能造成老年人犯罪率猛增。怎样通过对老年人犯罪的合理量刑，达到既能有效遏制犯罪，又能充分保护老年人特殊群体合法权益的目的，是当前司法实践中普遍存在的突出问题。

但是，不容忽视的是，由于缺乏来自家庭和社会的足够关爱，老年人心理上很容易产生孤独感和失落感，进而表现出固执、狭隘、以自我为中心、易被激怒的心理特点，有时会因琐事而突然爆发实施犯罪。

权利依据

《中华人民共和国刑法》

第十七条第五款 已满七十五周岁的人故意犯罪的，可以从轻或者减轻处罚；过失犯罪的，应当从轻或者减轻处罚。

获得低收入老人津贴权
——80 周岁为低收入老年人津贴制度开始的年龄

案例背景

袁英老人，早年丧偶，一生勤勤恳恳，独自养育了五个子女。如今，年满 80 岁，四世同堂，一家人其乐融融。但是，她并没有任何收入，平时都靠子女的供养。听说年满 80 岁的老人就可享有低收入老人津贴权，子女们依法为老人办理了相关手续，从此，老人的生活就更添了一层保障，他们也减轻了一些压力。

权利解析

　　低收入老人津贴权指只要是年满 80 周岁的低收入老人就可免费获得国家提供的各项生活津贴。这是国家保障的一项老年人福利制度，自 2013 年《老年人权益保障法》修改后出现，目前各省份相继建立了省级统筹的高龄津贴制度。

　　老年人福利津贴是一种普遍养老金计划，这些计划为所有超过规定年龄的社会成员提供养老金，而不管他们的收入、就业状况或者经济来源如何。这种发放方式使获得养老金成为公民的一种平等权利。老年人福利津贴的发放对象适宜从高龄老人开始，先发放高龄津贴，有条件时再逐步扩大发放范围以至所有退休老人。随着我国社会经济的不断发展，老年人福利津贴应当作为一种全民性的制度建立起来，并不断扩大覆盖范围，提高津贴标准。

　　我国正在着力建设的老年人福利制度，使老年人能通过提供收入、家庭和社会资助以及自助，享有足够的食物、水、住房、衣着和保健，按照社会的文化价值体系，享有家庭和社区的照顾和保护；能参与决定退出劳动力队伍的时间和节奏，能生活在安全且适合个人选择和能力变化的环境；能融合于社会、积极参与制定和执行直接影响其福祉的政策，并将其知识和技能传给子孙后辈；能寻求和发展为社会服务的机会，并以志愿工作者身份担任与其兴趣和能力相称的职务；享有各种社会和法律服务，以提高其自主能力并使他们得到更好的保护和照顾；能追寻充分发挥自己潜力的机会；能享用社会的教育、文化、精神和文娱资源。总之，老年人福利制度旨在建设使老年人生活得有尊严、有保障，且不受剥削和身心虐待，并不论其年龄、性别、种族或族裔背景、残疾或其他状况，均受到公平对待，不论其经济贡献大小均应受到尊重。

权利依据

《中华人民共和国老年人权益保障法》

第三十三条第二款　国家鼓励地方建立八十周岁以上低收入老年人高龄津贴制度。

第二章

绝大多数成年人的权利

——成年后不区别年龄段的法律权利

第一节　婚姻家庭权

婚姻自由权
——不受他人强制干涉婚姻自由的权利

赵某（女）与宋某（男）通过熟人介绍相亲认识，相互产生好感。见面以后，迅速建立了恋爱关系。但经过半年的恋爱，赵某发现宋某有小偷小摸的毛病，并且两人常常为了小事吵架。经过慎重考虑，赵某向宋某提出分手，说大家在一起不合适，好聚好散。宋某听了坚决不同意，还威胁赵某说分手应该经过他同意，并威胁赵某假如再说分手，他就让赵某吃不了兜着走，并多次以自杀、同归于尽等手段强迫赵某与他结婚，严重影响了赵某的工作和生活，让赵某感到非常苦恼。

婚姻自由权，是指婚姻当事人在婚姻问题上所享有的充分自主决定的权利，任何人不得强制干涉。婚姻自由权包括结婚自由权和离婚自由权。法律保障公民的婚姻自由，禁止任何公民以任何理由包办婚姻或者阻碍他人行使婚姻自由权。我国《刑法》第二百五十七条第一款规定："以暴力干涉他人婚姻自由的，处两年以下有期徒刑或者拘役。"当公民的婚姻自由受到他人的侵犯时，公民可以拿起法律的武器，勇敢地保护自己的权益。

当事人是否结婚，与谁结婚，是其本人的权利，任何人无权干涉。自愿是实现婚姻自由的前提，双方意思表示一致是婚姻以互爱为基础的必要条件。但自愿必须不违背法律规定的条件和程序，因为结婚自由绝不意味着当事人可以在婚姻问题上为所欲为。在结婚自由问题上，包办强迫或干涉他人婚姻的行为是被反对的，各种轻率行为也是被反对的。本案中，宋某以胁迫的手段强迫赵某与其结婚，是侵犯赵某结婚自由权的行为，赵某应该拿起法律武器捍卫自己的权利。

权利依据

《中华人民共和国婚姻法》

第二条　实行婚姻自由、一夫一妻、男女平等的婚姻制度。

第三十二条　男女一方要求离婚的，可由有关部门进行调解或直接向人民法院提出离婚诉讼。

人民法院审理离婚案件，应当进行调解；如感情确已破裂，调解无效，应准予离婚。

有下列情形之一，调解无效的，应准予离婚：

（一）重婚或有配偶者与他人同居的；

（二）实施家庭暴力或虐待、遗弃家庭成员的；

（三）有赌博、吸毒等恶习屡教不改的；

（四）因感情不和分居满二年的；

（五）其他导致夫妻感情破裂的情形。

一方被宣告失踪，另一方提出离婚诉讼的，应准予离婚。

《中华人民共和国刑法》

第二百五十七条　以暴力干涉他人婚姻自由的，处两年以下有期徒刑或者拘役。

犯前款罪，致使被害人死亡的，处二年以上七年以下有期徒刑。

生　育　权

——选择生与不生孩子是夫妻共同的权利

案例背景

郑先生是广州某大型国企的员工，在单位辛苦工作 15 年后，年纪老大不小的他处在两难境地：单位效益虽然不太好，但已经给他分了房子，要是出去闯荡，那就要放弃房子；如果在单位耗着，就怕以后被精简掉。郑先生正愁肠百结时，妻子告诉他一个意外的消息：她有了两个月的身孕。

对于妻子的这种"先斩后奏"的行为，郑先生很窝火。自己与妻子早有约定目前不准备要孩子，可她还是做出这样的事情来，事后自己又必须承担责任，做不做父亲自己根本做不了主。除了事业方面的原因，郑先生还有更多顾虑：从胎儿 5 个月开始一直到婴儿一岁半这将近两年时间里，妻子都不能工作，这样家庭收入会减少很多。而自己单位常常拖欠两三个月的工资。孩子万一有什么意外，以自己的财力根本无法应付。

郑先生说他妻子不是为他生孩子，是为她父母生外孙。65 岁的老岳父和岳母都急着要抱外孙，这个任务就只好由他妻子来完成了。郑先生觉得伤了自尊，但是妻子执迷不悟，郑先生决定用法律手段讨回自己的权益。

权利解析

在我国，生育权是指公民有生育的权利，也有不生育的自由。公民有权利选择生育与不生育，不生育也不应当受到歧视。在生育权问题上夫妻之间享有平等的权利。从理论上说，生育是男女双方的共同行为，不可能依靠单方实现，因此，一方不能强迫另一方实现这个权利，这个权利应当是以双方协商为基础的，由两个人共同的意愿才能实现。

本案中，丈夫郑先生觉得自己成了女方家长想抱外孙的生育工具，认为妻子侵犯了自己的生育权，这是有道理的。生育权不仅是女方的权利，也是男方的权利。《人口与计划生育法》第十七条规定："公民有生育的权利，也有依法实行计划生育的义务，夫妻双方在实行计划生育中负有共同的责任。"按照规定，孩子是夫妻两人的，任何一方不能单独决定孩子出生。如若侵犯了生育权，当事人可以通过法律途径来救济自己的权利。

权利依据

《中华人民共和国婚姻法》

第十六条 夫妻双方都有实行计划生育的义务。

《中华人民共和国人口与计划生育法》

第十七条 公民有生育的权利，也有依法实行计划生育的义务，夫妻双方在实行计划生育中负有共同的责任。

监 护 权
——保障无民事行为能力人和限制行为能力人的权益

2010年9月,9岁女童敏敏（化名）的父亲在车祸中丧生。2012年4月,敏敏的母亲李某外出打工,将敏敏交给她的祖父母照顾。

李某外出打工期间结识了王某并与其同居生子。敏敏的祖父母因此不再让李某接触敏敏。李某无奈之下只好经常到敏敏的学校探望敏敏,并给其购买衣物。就这样,李某与敏敏的祖父母就敏敏的监护问题发生纠纷,虽经有关部门协调都始终达不成协议。

2013年1月19日,敏敏住所地的某村民委员会指定敏敏的祖父母为她的监护人,并制作送达了《指定书》。2013年2月11日,敏敏的祖父母以原告人的身份起诉李某,要求人民法院依法撤销李某的监护人资格。敏敏以第三人的身份参加了诉讼。

法院经审理认为,公民的合法权益应受法律保护,未成年人的父母均是未成年人的法定监护人,其对未成年子女享有法定的监护权,任何人不得加以非法剥夺和限制。本案的被告李某之夫死亡后,李某仍是其女敏敏的决定监护人,且一直积极履行监护责任,李某外出打工与他人同居生子,并不是丧失监护人资格的法定理由,村委会指定本案两原告为敏敏的监护人的指定行为无法律依据,不具有法律效力,两原告要求人民法院撤销被告李某的监护人资格的理由不能成立。

最后,法院依照《民法通则》第十六条第一款规定,判决驳回了两原告的诉讼请求，第三人敏敏由本案被告担任监护人并履行监护职责。

权利解析

监护权，是指监护人对无行为能力，或者行为能力受到限制的家人，在人身和财产方面对其进行保护的权利。

监护权的具体内容可以分为以下两方面：一是人身监护权，具体包括：未成年人不得随意离开监护人指定的住所和居所；当未成年人或精神病人被人劫掠、诱骗、拐卖、隐藏时，监护权享有请求交还被监护人的权利；未成年人或精神病人，不能独立行使身份行为和独立决定身份事项，必须经监护人同意，方能行使；监护人应当为被监护人提供扶养费，包括生活费、教育费和医疗费等费用，但被监护人有财产的除外；对被监护人监督、教育的权利和义务；对于精神病人的特定护养、救治义务。二是财产监护权。监护人应全面保护被监护人的财产权益。其主要内容为：对被监护人财产的管理权；监护人管理被监护人的财产。

监护是指依照法律规定，对未成年人、无民事行为能力或限制民事行为能力的精神病人的人身、财产及其他合法权益进行监督和保护的法律制度。其目的是为了保护无行为能力人和限制行为能力人的一切合法权利，保护正常的社会经济秩序。监护既是监护人的义务，又是监护人的权利。另外根据《民法通则》第十八条的规定，监护人的监护职责包括：保护被监护人的身体健康，照顾被监护人的生活，管理和保护被监护人的财产，代理被监护人进行民事活动，对被监护人进行管理和教育，在被监护人合法权益受到侵害或者与人发生争议时，代理其进行诉讼。

根据《民法通则》的规定，丧失监护权资格的法定条件有：死亡；丧失监护能力；存在对子女有犯罪行为、虐待行为或者担任监护人对该子女明显不利人民法院认为可以取消其监护权的情形。

具体到本案中,根据《民法通则》第十六条的规定,本案被告李某,一没有死亡,二没有丧失监护能力,三没有对第三人有犯罪行为、虐待行为,也没有存在其担任监护人对第三人明显不利人民法院认为可以取消其监护权的情形发生,因此其当然可以依法享有对敏敏的监护权,并且不能随便剥夺。

权利依据

《中华人民共和国民法通则》

第十六条 ……

未成年人的父母已经死亡或者没有监护能力的,由下列人员中有监护能力的人担任监护人:

(一)祖父母、外祖父母;

(二)兄、姐;

(三)关系密切的其他亲属、朋友愿意承担监护责任,经未成年人的父、母的所在单位或者未成年人住所地的居民委员会、村民委员会同意的。

对担任监护人有争议的,由未成年人的父、母的所在单位或者未成年人住所地的居民委员会、村民委员会在近亲属中指定。对指定不服提起诉讼的,由人民法院裁决。

没有第一款、第二款规定的监护人的,由未成年人的父、母的所在单位或者未成年人住所地的居民委员会、村民委员会或者民政部门担任监护人。

第十八条 监护人应当履行监护职责,保护被监护人的人身、财产及其他合法权益,除为被监护人的利益外,不得处理被监护人的财产。

监护人依法履行监护的权利,受法律保护。

监护人不履行监护职责或者侵害被监护人的合法权益的，应当承担责任；给被监护人造成财产损失的，应当赔偿损失。人民法院可以根据有关人员或者有关单位的申请，撤销监护人的资格。

探 望 权
——离婚后未与孩子共同生活的一方探望孩子的权利

案例背景

彭某与艾某于 2004 年 6 月 10 日结婚，婚后于 2008 年 9 月 9 日生育一子，取名艾某某。后因感情不和，彭某与艾某于 2013 年 9 月 11 日离婚，艾某某由彭某抚养，艾某每月付一定的抚养费，艾某的父母则常到彭某处看望孙子。

2014 年初，彭某再婚后，为避免艾某父母的探望行为对其组成家庭的不良影响，对艾某父母提出异议，要求他们未经她的同意不要擅自探望艾某某。

但艾某的父母认为，他们去看望孙子合情合理合法，因而对彭某的异议未予理睬，仍然经常去艾某某所在幼儿园探望并带一些食品给艾某某吃。彭某认为这样不定期地给小孩零食吃会使小孩食欲不稳定，影响其身体健康，而且经常去幼儿园探望也会妨碍小孩的正常学习，从而诉至法院，要求法院判决二被告未经原告许可，不得擅自探望孙子。

权利解析

　　探望权是指离婚后不直接抚养子女的父亲或母亲一方享有的与未成年子女联系、会面、交往、短期共同生活的权利。《婚姻法》第三十八条第一款规定："离婚后，不直接抚养子女的父或母，有探望子女的权利，另一方有协助的义务。"因此在将子女的监护权判给一方时，法律赋予没有监护权的父或母的探望权是其作为父母的一项基本权利，无正当理由是不能剥夺的。只有在探望确实有不利孩子成长的负面因素，且其不能在短时间内变更时，人民法院可以暂时中止一方的探望权。探望权是人类文明的体现，家庭是社会的单位，离婚后，不与子女同居的父亲或母亲，既有权利又有义务看望子女，与子女交流，子女也有与不同居父母交往、沟通的渴望。其实探望权的争议最好还是通过家庭协商来解决，法律是最后的救济手段。此外，需要注意的是，探望权是专属于父母的，孩子的爷爷奶奶没有探望权。

　　具体到本案，享有探望权的只能是艾某，彭某有协助的义务，艾某的父母则没有探望权。

权利依据

　　《中华人民共和国婚姻法》

　　第三十八条　离婚后，不直接抚养子女的父或母，有探望子女的权利，另一方有协助的义务。

　　行使探望权利的方式、时间由当事人协议，协议不成时，由人民法院判决。

　　父或母探望子女，不利于子女身心健康的，由人民法院依法中止探望的权利；中止的事由消失后，应当恢复探望的权利。

夫妻财产权
——夫妻婚前和婚后所得财产处分权

　　王某与赵某 2010 年 5 月结婚。2012 年 7 月，王某出版了一本小说，获 20 万元的收入。2013 年 1 月，王某继承了其母亲的一处房产。2013 年 2 月，赵某在一次车祸中受伤，获得 7 万元赔偿金。赵某受伤后，亲友来探望时，共收礼金 1 万多元。赵某受伤后造成腿部残疾，一直未能痊愈。2013 年 12 月，赵某因家庭日常生活向好友张某借款 2 万元。2014 年 5 月，王某、赵某两人感情出现危机，遂协商离婚。但是在对夫妻共同财产的认定时，王某认为继承的母亲的房产属于个人所有，并且 2 万元债务是赵某个人债务，赵某不同意，起诉到人民法院。

　　夫妻财产权，是关于夫妻婚前和婚后所得财产的归属、管理、使用、收益、处分的权利，以及对债务的清偿，婚姻解除时财产清算的权利和义务。

　　《婚姻法》第十七条对夫妻在婚姻关系存续期间所得的、应归夫妻共同所有的财产范围作出了规定，即夫妻在婚姻关系存续期间所得的下列财产归夫妻共同所有：（1）工资、奖金，指在夫妻关系存续期间一方或双方的工资、奖金收入及各种福利性政策性收入、补贴；（2）生产、经营的收益，指的是在夫妻关系存续期间，夫妻一方或双方从事生产、经营的收益；（3）知识产权的收益，指的是在夫妻关系存续期间，夫妻一方或双方拥有的知识产权的收益；（4）继承或赠与所得的财产，是指在夫妻关系存续期间一方或双方因继承遗产和接受赠与所得的财产。对于继承遗产的所得，指的是财产权利的取得，而不是对财产的实际占有。即使婚姻关系终止前并未实际占有，但只要继承发生在夫妻关系存续期间，所继承的财产也是夫妻共同财产，但本法第十八条第三项规定的除外；（5）其他应当归共同所有的财产。

夫妻共同债务主要包括以下几个方面：（1）婚前一方借款购置的财产已转化为夫妻共同财产，为购置这些财产所负的债务；（2）夫妻为家庭共同生活所负的债务；（3）夫妻共同从事生产、经营活动所负的债务，或者一方从事生产经营活动，经营收入用于家庭生活或配偶分享所负的债务；（4）夫妻一方或者双方治病以及为负有法定义务的人治病所负的债务；（5）因抚养子女所负的债务；（6）因赡养负有赡养义务的老人所负的债务；（7）为支付夫妻一方或双方的教育、培训费用所负的债务；（8）为支付正当必要的社会交往费用所负的债务；（9）夫妻协议约定为共同债务的债务；（10）其他应当认定为夫妻共同债务的债务。

具体到本案，小说的 20 万收入，王某母亲房产，礼金 1 万多元是共同财产，7 万元赔偿金属于赵某个人财产。根据《婚姻法》第十七条、第十八条的规定，继承或者赠与所得的财产是夫妻共同财产，但是继承或者赠与合同中明确只归一方所有的财产是个人财产。王某继承财产时，王某与赵某仍在婚姻存续状态，并且王某母亲并未明确房产归王某所有，所以，有争议的房产应该属于夫妻共同财产。2 万元债务属于共同债务，根据《婚姻法》的规定，夫妻对共同财产有平等的处分权，对家庭具有家事代理权。同时，根据《最高人民法院关于适用〈中华人民共和国婚姻法〉若干问题的解释

(一)》第十七条规定:"夫妻之间因日常生活需要具有家事代理权,但非因日常生活需要所作出的有关财产方面的重要决定,应当经另一方同意。"因此,可以认定为2万元为夫妻共同债务。

权利依据

《中华人民共和国婚姻法》

第十七条 夫妻在婚姻关系存续期间所得的下列财产,归夫妻共同所有:

(一) 工资、奖金;

(二) 生产、经营的收益;

(三) 知识产权的收益;

(四) 继承或赠与所得的财产,但本法第十八条第三项规定的除外;

(五) 其他应当归共同所有的财产。

夫妻对共同所有的财产,有平等的处理权。

第十八条 有下列情形之一的,为夫妻一方的财产:

(一) 一方的婚前财产;

(二) 一方因身体受到伤害获得的医疗费、残疾人生活补助费等费用;

(三) 遗嘱或赠与合同中确定只归夫或妻一方的财产;

(四) 一方专用的生活用品;

(五) 其他应当归一方的财产。

第十九条 夫妻可以约定婚姻关系存续期间所得的财产以及婚前财产归各自所有、共同所有或部分各自所有、部分共同所有。约定应当采用书面形式。没有约定或约定不明确的,适用本法第十七条、第十八条的规定。

夫妻对婚姻关系存续期间所得的财产以及婚前财产的约定,对双方具有约束力。

夫妻对婚姻关系存续期间所得的财产约定归各自所有的，夫或妻一方对外所负的债务，第三人知道该约定的，以夫或妻一方所有的财产清偿。

《最高人民法院关于适用〈中华人民共和国婚姻法〉若干问题的解释（一)》

第十七条　夫妻在婚姻关系存续期间所得的下列财产，归夫妻共同所有：

（一）工资、奖金；

（二）生产、经营的收益；

（三）知识产权的收益；

（四）继承或赠与所得的财产，但本法第十八条第三项规定的除外；

（五）其他应当归共同所有的财产。

夫妻对共同所有的财产，有平等的处理权。

男女婚姻家庭平等权

——男女双方平等地享受婚姻生活

案例背景

张某和赵某（女）在经过了一年的恋爱时期后，二人携手步入婚姻的殿堂，赵某结婚后辞了工作，专心做起了家庭主妇，男主外、女主内，婚姻生活过得很是美满。一年之后，赵某生下了可爱的儿子，等儿子到了上幼儿园的年纪，赵某认为家庭主妇的日子实在是很无聊，提出要找份工作。但是张

某说儿子还小，自己工作太忙，请保姆怕对孩子照顾不细心，所以就不愿意赵某出去工作。但是赵某实在是厌烦了只能当家庭主妇的生活，二人的感情因此出现了裂痕。

权利解析

男女婚姻家庭平等权，是指夫妻双方在婚姻生活中享有地位平等的权利。具体指夫妻双方应该相互尊重，相互体谅，不仅在家庭生活中地位平等，人格地位平等，而且绝不允许一方对另一方使用暴力或者其他手段进行欺侮。

夫妻双方不仅人格地位平等，同时夫妻双方都有参加生产、工作、学习和社会活动的自由，一方不得对他方加以限制或干涉。女方婚后有当家庭主妇的自由，也有选择工作的自由。

具体到本案中，妻子赵某不愿做"全职太太"，丈夫张某对此应理解与尊重妻子的选择，不能过于限制干涉。二人应该心平气和地、好好地讨论赵某工作的问题，因为赵某有工作的法律权利，这和张某是一样的。

权利依据

《中华人民共和国宪法》

第四十八条 中华人民共和国妇女在政治的、经济的、文化的、社会的和家庭的生活等各方面享有同男子平等的权利。

《中华人民共和国婚姻法》

第四条 夫妻应当互相忠实，互相尊重；家庭成员间应当敬老爱幼，互相帮助，维护平等、和睦、文明的婚姻家庭关系。

第十三条 夫妻在家庭中地位平等。

第十四条 夫妻双方都有各用自己姓名的权利。

第十五条 夫妻双方都有参加生产、工作、学习和社会活动的自由，一方不得对他方加以限制或干涉。

夫妻人身权
——夫妻双方有相互忠诚的义务

案例背景

　　家住南召县白土岗镇的余某，与妻子刘真结婚多年，随着女儿小鑫的降生，二人经常为家庭琐事生气、打架，余某曾数次提出离婚，但刘真一直以自己有病为由予以拒绝，两人间的怨气越积越深。2010年2月4日晚上，二人又因言语不和，引起厮打，余某一怒之下用木椅砸向刘真左肋，致使其第五、七、八三根肋骨骨折，经鉴定构成轻伤。余某在妻子住院期间不仅不到医院探望看护，而且独自外出打工，抛弃了刘真，对余某的薄情寡义，伤透心的刘真出院后，到法院状告余某打伤自己。

　　2013年11月，外出三年多不归的余某回到家中，被公安机关以涉嫌故意伤害罪刑事拘留，后执行逮捕。刘真不顾余某的哀求和众亲友的劝说，既不撤诉，也不离婚，还不断到办案单位要求对余某予以重判。在庭审中女儿小鑫作为证人出庭为母亲作证。

　　南召法院审理后认为：被告人余某为家庭琐事，故意持械将其妻子打成

125

轻伤，其行为已构成故意伤害罪，依法对其判处有期徒刑1年。

权利解析

夫妻人身权的含义是十分广泛的。夫妻人身权，是指法律赋予婚姻当事人所享有的、与其人身不可分离的民事权利，区别于夫妻财产权。具体是指夫妻之间人格地位平等，夫妻双方要相互尊重，远离家庭暴力，要求对方忠诚的权利。

具体到本案，余某一怒之下用木椅砸向刘真左肋，致使其第五、七、八三根肋骨骨折，经鉴定构成轻伤，其行为不仅侵犯了妻子的人身权，并且已构成故意伤害罪，应受到法律的严惩。

在当代家庭生活中，家庭暴力是侵犯夫妻人身权的最大威胁。家庭暴力侵害了夫妻家庭生活的平等权，家庭暴力不仅可能会导致离婚，让孩子失去他们幸福的家庭。对此，我国《刑法》第二百六十条第一款规定："虐待家庭成员，情节恶劣的，处二年以下有期徒刑、拘役或者管制。"解决家庭暴力的问题，不仅要宣传教育夫妻之间要相互尊重，同时受侵害的夫妻一方，一定要学会拿起法律武器捍卫救济自己的权利。

权利依据

《中华人民共和国婚姻法》

第三条第二款 禁止重婚。禁止有配偶者与他人同居。禁止家庭暴力。禁止家庭成员间的虐待和遗弃。

第十四条 夫妻双方都有各用自己姓名的权利。

第十五条　夫妻双方都有参加生产、工作、学习和社会活动的自由，一方不得对他方加以限制或干涉。

《中华人民共和国刑法》

第二百六十条　虐待家庭成员，情节恶劣的，处二年以下有期徒刑、拘役或者管制。

犯前款罪，致使被害人重伤、死亡的，处二年以上七年以下有期徒刑。

第一款罪，告诉的才处理。

同　居　权
——夫妻任何一方都有权要求与另一方共同生活的权利

案例背景

2011 年，李某的丈夫遭遇车祸身亡。2013 年 10 月中旬，李某经人介绍认识了商人杨某。同年 12 月，不到 30 岁的李某与 50 多岁的杨某依法登记结为夫妻。但是从 2014 年下半年开始，妻子李某就不愿再与杨某同房居住了。就在杨某为寻求"性"福被折磨得焦头烂额时，一天，他路过法院门口，猛然想到了法律，于是，他把索回自己婚姻"性权利"的希望寄托到了法律上。

法庭正式受理杨某诉李某要求同居案。在诉讼中，杨某恳求法庭依据新《婚姻法》，判决被告李某履行作为妻子与丈夫同房的义务。

法庭认为，根据《婚姻法》第三条第二款"禁止有配偶者与他人同居"，以及第四条"夫妻应当互相忠实，互相尊重……"等规定，原告杨某与被告李某之间相互拥有配偶权，配偶权的核心内容是夫妻之间的同居权。最后，

原、被告双方达成协议：

（1）原告杨某愿意充分体谅被告李某的感受，更多地从生活上和感情上体贴妻子；

（2）被告李某表示愿意"冰释前嫌"，同意适时地与丈夫杨某同房。

权利解析

同居权是男女双方以配偶身份共同生活的权利，指婚后男女任何一方都享有与对方或要求对方以配偶身份共同生活于同一住所或居所的权利，另一方有与对方同居的义务。同居权包括夫妻间的性生活、共同寝食和相互协助。它既有利于在实践中具体把握夫妻感情是否破裂的客观标准，也可以解决婚内夫妻双方性权利的正当行使等伦理问题。如果夫妻一方侵犯了对方的权利，受害一方可以寻求法律的救济，维护法律赋予自己的权利。

具体到本案，李某和杨某是合法的夫妻关系，原告杨某与被告李某之间相互拥有配偶权，配偶权的核心内容是夫妻之间的同居权，杨某当然有配偶间的同居请求权。不过通过法律途径寻求同居请求权的救济，杨某也是实属无奈。《婚姻法》第四条规定："夫妻应当互相忠实，互相尊重；家庭成员间应当敬老爱幼，互相帮助，维护平等、和睦、文明的婚姻家庭关系。"由此可知，和睦、文明的婚姻家庭还需夫妻双方相互尊重，相互努力。

权利依据

《中华人民共和国婚姻法》

第三条第二款 禁止重婚。禁止有配偶者与他人同居。禁止家庭暴力。禁止家庭成员间的虐待和遗弃。

第四条 夫妻应当互相忠实，互相尊重；家庭成员间应当敬老爱幼，互相帮助，维护平等、和睦、文明的婚姻家庭关系。

亲 属 权
——只存在于近亲属之间的权利

案例背景

父亲去世后，哥哥王刚赶到医院想见父亲最后一面，却被告知遗体已被弟弟王强捐献，谁也不能见了。王刚遂以侵犯亲属权、知情权及祭奠权为由将王强诉上法庭，请求法院责令王强向其出示父亲的死亡证明、生前遗嘱和志愿捐献遗体申请表的原件，并且判令王强赔偿其精神损害3万元。人民法院开庭审理了此案。

王刚诉称，2014年9月28日下午，时年84岁的老父在敬老院去世，当晚8点他才接到妹妹的电话得知父亲去世的消息。当晚他赶到协和医院想见父亲遗体时却被告知"父亲的遗体已经被王强捐献了，现放在协和医科大学遗体接受站，泡在药水里谁也不能见了"。这个消息对他来说有如"晴天霹雳"。

他认为，关于父亲病危、死亡、捐献遗体等重大事项，理应由父亲的亲生子女五个人共同商议而定，王强故意不对自己履行告知义务，侵犯了其和父亲间的亲属权、对父亲生死情况的知情权、对父亲遗体的告别权、祭奠权。

在法庭上，法官就案件主持双方调解，王刚表示愿意调解，但是弟弟得

把事实说清楚，并且对他所受损害给予一定赔偿。而弟弟王强则坚持要求法院依法判决，不同意调解。此案没有当庭宣判。

权利解析

亲属权是指父母与成年子女、祖父母与孙子女、外祖父母和外孙子女以及兄弟姐妹之间的身份权。法律上的亲属权更侧重于由亲属间的身份关系而形成的受尊重的权利，如知情权、告别权以及祭奠权，是一种精神上的权利。本案中，原告状告王强故意不对自己履行告知义务，侵犯了其和父亲间的亲属权即为这方面的精神权利。

具体到本案，亲属权受到侵犯，可以通过法律途径进行救济。就本案而言，根据我国法律的相关规定，王刚可要求王强承担赔偿损失的责任，要求精神损害赔偿。《最高人民法院关于确定民事侵权精神损害赔偿责任若干问题的解释》规定，自然人因侵权行为致死，或者自然人死亡后其人格或者遗体遭受侵害，死者的配偶、父母和子女可以向人民法院起诉请求赔偿精神损害，从而保证了亲属权的救济。

权利依据

《最高人民法院关于确定民事侵权精神损害赔偿责任若干问题的解释》

第七条 自然人因侵权行为致死，或者自然人死亡后其人格或者遗体遭受侵害，死者的配偶、父母和子女向人民法院起诉请求赔偿精神损害的，列其配偶、父母和子女为原告；没有配偶、父母和子女的，可以由其他近亲属提起诉讼，列其他近亲属为原告。

夫妻扶养权

——夫妻之间有相互扶养的义务

案例背景

　　贾某和陈某于 2010 年结婚，婚后育有一女，2013 年陈某不幸发生车祸失去双腿。由于陈某生活不能自理，贾某在照料陈某过程中渐生厌烦情绪。

　　2014 年 3 月，贾某带女儿离家，在外租房生活。陈某因无收入来源，生活渐无保障，遂向法院起诉，要求贾某尽扶养义务，并每月支付给陈某扶养费人民币 5000 元。贾某认为，陈某发生车祸后，脾气变得暴躁，自己和女儿精神上都不堪忍受，为了女儿有更好的成长环境，才与陈某分居，且自己做小生意，收入不稳定，还要负担房租和女儿的教育费，生活也很艰辛，所以不同意陈某的诉讼请求。

权利解析

　　《婚姻法》第二十条规定："夫妻有互相扶养的义务。一方不履行扶养义务时，需要扶养的一方，有要求对方付给扶养费的权利。"夫妻之间相互有扶养的义务，反过来说就是相互享有受扶养的权利。夫妻之间的扶养义务包括生活上的供养以及其他各方面的关怀和帮助。司法实践中，夫妻一方要求另一方扶养，应当符合一定的条件，即除非夫妻一方有丧失或部

分丧失劳动能力、没有经济来源等特殊情况，否则夫妻之间一般不发生相互扶养。

对于夫妻扶养费给付数额的标准，人民法院通常按以下原则酌情处理：需要扶养一方的实际需要（包括生活费、医疗费等生活必要开支）、支付扶养费一方的经济能力和当地居民的平均生活水平（通常参照当地统计局等政府职能部门当年公布的数据）。

具体到本案，因陈某部分丧失劳动能力，生活没有收入来源，要求贾某给付扶养费，于法有据，但应根据贾某的经济能力和陈某的实际生活需要等因素综合考虑，确定扶养费给付金额。陈某可以通过法律手段获取权利救济，法院会根据贾某的收入及陈某自身的生活实际需要而判决贾某按期支付一定数额的扶养费。

这里需要补充的是，根据我国《刑法》第二百六十一条的规定："对于年老、年幼、患病或者其他没有独立生活能力的人，负有扶养义务而拒绝扶养，情节恶劣的，处五年以下有期徒刑、拘役或者管制。"所以，对于年老、年幼、患病或者其他没有独立生活能力的家庭成员，有负担能力而拒不履行扶养义务的，如行为达到情节恶劣程度的，可能构成遗弃罪，要承担相应的刑事责任。

权利依据

《中华人民共和国婚姻法》

第二十条 夫妻有互相扶养的义务。

一方不履行扶养义务时，需要扶养的一方，有要求对方付给扶养费的权利。

第二十九条 有负担能力的兄、姐，对于父母已经死亡或父母无力抚养的未成年的弟、妹，有扶养的义务。由兄、姐扶养长大的有负担能力的弟、妹，对于缺乏劳动能力又缺乏生活来源的兄、姐，有扶养的义务。

《中华人民共和国刑法》

第二百六十一条　对于年老、年幼、患病或者其他没有独立生活能力的人，负有扶养义务而拒绝扶养，情节恶劣的，处五年以下有期徒刑、拘役或者管制。

受赡养权

——赡养父母是中华民族的传统美德

案例背景

方老伯有两个儿子，三个女儿，五个子女结婚后都在外面居住，方老伯一人在老房子里住。方老伯没有退休金，生活靠五个子女救济过活。可是五个子女也不富裕，有时候不给生活费，方老伯的生活过得很是拮据。

2012年7月，方老伯骑自行车时不幸跌倒，导致左股骨颈骨折，便请中医上门治疗，3个星期不见好转后，住进医院治疗，共花医药费2257.55元。但子女们不愿意负担父亲的医疗费，这让老人甚为不满，并引发矛盾。无奈之下，方老伯只得把子女们告到了人民法院，要求他们支付医疗费并赡养自己。

法院判决：方老伯2012年1月至2013年10月每月500元的生活费，共计11000元，由方老大等五兄妹各负担2200元；方老伯住院开支的医药

费 2257.55 元，由方老大等五兄妹各负担 451.51 元；方老伯自 2013 年 11 月起每月 500 元的生活费，由方老大等五兄妹每人每月各负担 100 元，月底前支付；方老伯今后的医疗费，由方老大等五兄妹平均负担。

权利解析

所谓受赡养权，是指父母有权要求子女在经济上为自己提供必需的生活用品和费用的权利。赡养主要体现在赡养扶助上。赡养扶助的主要内容是指在现有经济和社会条件下，子女在经济上应为父母提供必要的生活用品和费用，在生活上、精神上、感情上对父母应尊敬、关心和照顾。为保障受赡养人的合法权益，《婚姻法》第二十一条第三款规定："子女不履行赡养义务时，无劳动能力的或生活困难的父母，有要求子女付给赡养费的权利。"对拒不履行者，被赡养人可以通过诉讼解决，情节恶劣构成犯罪者，还要承担刑事责任。

具体到本案，依照我国《宪法》第四十九条第三款的规定："……成年子女有赡养扶助父母的义务。"以及《婚姻法》第二十八条的规定："有负担能力的祖父母、外祖父母，对于父母已经死亡或父母无力抚养的未成年的孙子女、外孙子女，有抚养的义务。有负担能力的孙子女、外孙子女，对于子女已经死亡或子女无力赡养的祖父母、外祖父母，有赡养的义务。"法院应支持方老伯的诉讼请求。至于老人以后生活的赡养问题，老人可以与五个子女签订赡养协议，明确五个子女每个月的赡养数额，协商达成的赡养协议具有法律效力。如果不能达成协议的，方老伯可以再次提起赡养权的诉讼，请求人民法院予以判决。

权利依据

《中华人民共和国宪法》

第四十九条第三款　父母有扶养教育未成年子女的义务，成年子女有赡养扶助父母的义务。

《中华人民共和国婚姻法》

第二十一条　父母对子女有抚养教育的义务；子女对父母有赡养扶助的义务。

父母不履行抚养义务时，未成年的或不能独立生活的子女，有要求父母付给抚养费的权利。

子女不履行赡养义务时，无劳动能力的或生活困难的父母，有要求子女付给赡养费的权利。

禁止溺婴、弃婴和其他残害婴儿的行为。

第二十八条　有负担能力的祖父母、外祖父母，对于父母已经死亡或父母无力抚养的未成年的孙子女、外孙子女，有抚养的义务。有负担能力的孙子女、外孙子女，对于子女已经死亡或子女无力赡养的祖父母、外祖父母，有赡养的义务。

第二节 劳动就业权

平等就业权
——劳动者依法享有平等就业、不受歧视的权利

2014年5月，某化妆品公司招聘大学生。面试中根据应聘大学生的血型分组面试，最后录用的50余名学生基本为O型血和A型血，其中30余人为男性，20余人为女性。该公司与大学生签订了1年期的劳动合同，试用期1个月。试用期满后该公司决定，部分员工需要延长试用期2个月。这些员工绝大多数为女大学生。其中的杨某、黄某等人非常气愤，认为自己在试用期间表现良好，并不比男员工差，公司不能仅仅因为自己是女性就给予不公正待遇。与公司多次协商未果，遂向劳动争议仲裁委员会提起了仲裁，请求撤销公司延长其试用期的决定，按转正工资标准补发其超过法定试用期期间的工资差额。

劳动争议仲裁委员会经审理认为，该化妆品公司的行为属于就业歧视，支持申请人的请求，撤销该公司延长申请人试用期的决定，要求该公司按转正工资标准补发申请人超过法定试用期的工资。

权利解析

平等就业权是指在我国不分公民的民族、种族、性别、宗教信仰，人人均享有平等地获得就业的机会的权利。《劳动法》规定了我国劳动者平等就业和选择职业的权利，同时，我国还有为保护妇女权益特别制定的法律、法规。由此可知，就业歧视是指在就业过程中，以跟工作无关的情况为由不平等地对待劳动者，剥夺劳动者的劳动权、平等就业和选择职业的权利。

就本案而言，化妆品公司在招聘员工面试和为员工转正时，分别以同工作资格无关的血型和性别为判断的标准，不平等地对待劳动者，工作的评价不以业绩论，仅仅因为杨某、黄某等是女性就延长其试用期，属于明显的歧视女性行为，此举剥夺了应届大学生的平等就业权，构成就业歧视。用人单位在发布招聘广告、组织面试、聘用员工以及内部员工管理等方面，应当注意目前我国法律法规的相关规定，避免造成对应聘者和职工的就业歧视。

权利依据

《中华人民共和国劳动法》

第三条第一款 劳动者享有平等就业和选择职业的权利、取得劳动报酬的权利、休息休假的权利、获得劳动安全卫生保护的权利、接受职业技能培训的权利、享受社会保险和福利的权利、提请劳动争议处理的权利以及法律规定的其他劳动权利。

第十二条 劳动者就业，不因民族、种族、性别、宗教信仰的不同而受到歧视。

第十三条 妇女享有与男子平等的就业权利。在录用职工时，除国家规定的不适合妇女的工种或者岗位外，不得以性别为由拒绝录用妇女或者提高对妇女的录用标准。

休息休假权
——劳动者依法享有休息、休假的权利

案例背景

赵某是某汽车厂员工，未婚，父母居住在邻省，因路远平时无法回家，根据国务院的有关规定，享受每年 20 天的探亲假。2013 年年底赵某申请休假探亲时，车厂领导说，最近修车任务重，人手不够，要求赵某将假期积到明年一起休。赵某同意了。

2014 年，上级单位组建企业集团，将汽车厂与车队合并，组建成某某车运有限公司，原车厂编制撤销，车厂员工改为车运有限公司的职工。到了年底，赵某提出休假探亲，车运有限公司认为，本企业是新建单位，职工工作都不满一年，不能按照国务院相关规定给予探亲假。赵某据理力争，车运有限公司最终同意赵某 20 天的探亲假。赵某回家想起去年还有 20 天的探亲假没用，因此在 20 天的探亲假快满时给单位打电话要求补休去年的假期，单位回电要求赵某立即回厂，否则予以开除（20 天按旷工处理）。赵某没理睬，在休满 40 天假期后回单位上班，车运有限公司以赵某连续旷工 20 天为由将赵某开除，双方发生争执。

权利解析

　　休息休假权，是指为了合理安排劳动者的工作和休息时间，保障劳动者的休息权，调动劳动者的工作积极性，劳动者可以按照法定的休息休假制度进行休息休假的权利。《劳动法》第四章关于"工作时间和休息休假"作了十条规定。休息休假的种类主要包括工作间隙休息、日休息、周休息和法定节日休假、探亲休假、年休假等等。除上述劳动者休息、休假的主要种类外，劳动者根据自己的具体情况还可享受婚假、丧假和产假等。其中探亲假是指父母或配偶分居两地的职工，每年享有的保留工资和公职而与父母或配偶团聚的假期。根据《劳动法》第四十四条的规定，对加班费应根据加班占用的时间分类计算加班费：（1）一般工作日加班的，按不低于工资的150%计付；（2）休息日加班又不能安排补休的，按不低于工资的200%计付；（3）国家法定休假日加班的，按不低于工资的300%计付。

　　在该案例中，车运有限公司系由汽车厂和车队合并而组建成的，虽然原汽车厂的编制不在了，但是根据合并前企业的权利义务（应当包括劳动者的权利义务）由合并后的企业享有和承担的法律原则，合并后的车运有限公司应当保证劳动者赵某休息权的实现。赵某在原汽车厂的探亲假因为工作的原因而没休，根据国务院的有关规定，赵某在次年可以合并休假，享有45天的探亲假。所以赵某合并休假不应当作旷工处理，是其行使自己的探亲休假权利。车运有限公司以其旷工为由除名是没有法律依据的，应当报销赵某的往返路费，支付其探亲假期间的工资，撤销对赵某的除名。

《中华人民共和国劳动法》

第四十四条 有下列情形之一的，用人单位应当按照下列标准支付高于劳动者正常工作时间工资的工资报酬：

（一）安排劳动者延长工作时间的，支付不低于工资的百分之一百五十的工资报酬；

（二）休息日安排劳动者工作又不能安排补休的，支付不低于工资的百分之二百的工资报酬；

（三）法定休假日安排劳动者工作的，支付不低于工资的百分之三百的工资报酬。

第四十五条第二款 劳动者连续工作一年以上的，享受带薪年休假。具体办法由国务院规定。

《企业职工带薪年休假实施办法》

第三条 职工连续工作满十二个月以上的，享受带薪年休假（以下简称年休假）。

第六条 职工依法享受的探亲假、婚丧假、产假等国家规定的假期以及因工伤停工留薪期间不计入年休假假期。

取得劳动报酬权

——劳动者就已付出的劳动取得合理报酬的权利

李某应聘进入某公司，双方在订立的劳动合同中约定：公司聘用李某为行政主管，月工资为 3000 元，月岗位津贴为 1500 元，月奖金根据经济效益以及李某的工作表现考核发放。合同签订后，李某表现优异，公司每月给予李某 2000 元的奖金。一年半后的某月，公司因经营困难未发放给李某奖金。次月，公司又因经营困难，再次未发放给李某奖金，同时还扣发了李某的岗位津贴。李某于是同公司交涉，要求公司支付 2 个月的奖金和 1 个月的岗位津贴。公司表示目前经营发生困难，要求李某与公司同甘共苦。经交涉无效后，李某即向公司提出解除合同，并要求公司立即办理退工手续，支付拖欠的奖金、津贴及相当于 2 个月工资的经济补偿金。公司表示李某提出解除合同应按规定提前 1 个月通知，所以不同意立即办理退工手续，反而要求李某继续工作 1 个月。双方于是发生争议。

权利解析

取得劳动报酬权，是指劳动者按自己提供劳动的数量和质量取得应得工资收入的权利。作为劳动者有权要求用人单位按照劳动法规、集体合同和劳动合同的规定，以货币形式支付各种工资收入。在我国，工资形式包括计时工资、计件工资、奖金、津贴和补贴、加班加点工资、特殊情况下的保障工资等。劳动者有权获得最低工资保障，女职工有权要求实行男女同工同酬。用人单位和国家都有义务保障劳动者劳动报酬权的实现。

取得劳动报酬权具体包括：劳动者的工资不低于当地最低工资标准，低于当地最低工资标准的要在补足低于标准部分的同时，另外支付相当于低于部分25%的经济补偿金；工资应当按月支付给劳动者本人，不得克扣或者无故拖欠劳动者的工资，用人单位克扣或者无故拖欠劳动者工资的，以及拒不支付劳动者延长工作时间工资报酬的，除在规定时间内全额支付劳动者工资报酬外，还需要加发相当于工资报酬25%的经济补偿金。

在本案中，按双方劳动合同约定，公司支付给李某的月奖金是根据公司的经济效益以及李某的工作表现考核发放的，在经济效益不佳的时候，公司未支付给李某奖金并未违反合同约定。但是，双方合同约定公司每月支付给李某的岗位津贴是确定的，合同中并没有可以不支付津贴的约定，因此，公司未按合同约定支付津贴，构成了《劳动法》规定拖欠劳动者劳动报酬的情形，李某可以随时通知公司解除合同，劳动合同因李某的通知而当即解除。因是公司的责任导致合同解除，所以按照规定公司还应根据李某在本单位工作的年限给予经济补偿。

权利依据

《中华人民共和国劳动法》

第四十六条 工资分配应当遵循按劳分配原则，实行同工同酬。

工资水平在经济发展的基础上，逐步提高。

第五十条 工资应当以货币形式按月支付给劳动者本人。不得克扣或者无故拖欠劳动者的工资。

第九十一条 用人单位有下列侵害劳动者合法权益情形之一的,由劳动行政部门责令支付劳动者的工资报酬、经济补偿,并可责令支付赔偿金:

(一)克扣或者无故拖欠劳动者工资的;

......

劳动安全卫生权
——法律保护劳动者的劳动环境安全

案例背景

某贫困山区的蔡某、张某等数百名农民为了谋生,受雇于 A 县隧道工程公司,被招到一高速公路隧道第七合同段"打山洞"。该隧道工程经层层"批发",承、转包后,承包人与转包人分别向各自的"下家"收取 3% 和 11% 的管理费。该项工程的地质结构为石英砂岩、石英岩,二氧化硅含量高达 97.6%。四家"老板"均清楚,如此高浓度的含量会导致工人患硅肺病,然而,雇主(再转包人)却隐瞒地质实情,命令工人们用风钻"干式掘进"打炮眼。这种作业法速度快、生产成本比边钻边喷水的"湿打"低得多。他们也不向工人提供有效的防尘面罩,不知情的工人们戴着普通的口罩,在二氧化硅粉尘飞扬的隧道中从早到晚长时间地埋头作业。施工三年多,雇主也不为工人体检。三年后,该隧道工程竣工验收被交付使用。后来,许多民工被发现患有程度不同的硅肺病。2011 年 9 月,经该省职业病诊断鉴定委员会对 400 多名工人进行鉴定,其中 196 名民工患有一期至三期(危险期)硅肺病,分别构成七级至二级伤残,至今已有 10 名患者死亡。受害者蔡某等 230 名民工陆续向该市中级人民法院

提起诉讼。该市中级人民法院一审判处四被告人均应按过错大小承担相应的民事责任，四家被告对有关的赔偿额承担连带责任。

权利解析

　　劳动安全卫生权是指由于在劳动过程中存在着种种不卫生、不安全的因素，为保证劳动者的身体健康和人身安全，劳动者有权要求用人单位提供安全、卫生的劳动环境，获得相应的劳动保护。这一权利的基本内容有：首先，劳动者有权获得符合标准的劳动安全卫生条件，用人单位必须建立、健全劳动安全卫生制度，严格执行国家劳动安全卫生规程和标准，如用人单位应建立、完善在劳动过程中的防止中毒、触电、机械外伤、车祸、坠落、塌陷、爆炸、火灾等危及劳动者人身安全事故发生的防范性措施；建立、完善在劳动过程中对有毒有害物质危害劳动者身体健康或者引发职业病发生的防范性措施。其次，劳动者有权获得本岗位安全卫生知识、技术的学习的培训。用人单位应对劳动者进行安全卫生教育，防止劳动过程中的事故，减少职业危害。再次，劳动者对用人单位管理人员违章指导、强令冒险作业的行为，有权拒绝执行。

　　劳动安全卫生是劳动法的重要内容，相关法规也详细规定了劳动保护的各项规程和条件，用人单位必须认真遵守，提供安全卫生方面的劳动保护，这既是法律的强制性规定，也是企业长远发展的需要。

权利依据

《中华人民共和国劳动法》

　　第五十二条　用人单位必须建立、健全劳动安全卫生制度，严格执行国家劳动安全卫生规程和标准，对劳动者进行劳动安全卫生教育，防止劳动过程中的事故，减少职业危害。

第五十四条　用人单位必须为劳动者提供符合国家规定的劳动安全卫生条件和必要的劳动防护用品，对从事有职业危害作业的劳动者应当定期进行健康检查。

第五十六条　劳动者在劳动过程中必须严格遵守安全操作规程。

劳动者对用人单位管理人员违章指挥、强令冒险作业，有权拒绝执行；对危害生命安全和身体健康的行为，有权提出批评、检举和控告。

社会保险和福利权

——劳动者有权享用社会和集体的公共福利政策及设施

案例背景

2013 年 3 月 11 日，上海市某广告公司（以下简称广告公司）安排职工王某等三人到上海市南京路附近一街道从事几个广告灯箱的制作安装工作。安装完毕，已经晚上 22 时，于是王某等人没有再回公司，而是向主管请示之后直接回家。当晚 22 时 30 分，王某在开车回家途中与一辆桑塔纳轿车相撞，王某被撞成重伤，经抢救无效，于同月 22 日死亡。为此，广告公司先后支付给王某家属医药费 2 万余元。2013 年 4 月 19 日，死者妻子孙某向广告公司注册地上海某区劳动和社会保障局提出工伤认定，获得了支持。2005年 7 月，孙某又向劳动争议仲裁委员会申请劳动仲裁，要求广告公司支付医药费、丧葬补助金、因工死亡补助金和供养亲属抚恤金以及工资、加班费等

费用，该申请的绝大部分得到了仲裁委员会的认可。

广告公司对仲裁结果不满，于 2014 年 1 月起诉至人民法院。法院经审查认为王某死亡经上海某区劳动和社会保障局认定为工伤，该工伤认定书亦经复议、行政诉讼后生效。而广告公司没有替王某缴纳上海市外来从业人员综合保险，应承担相应的赔偿责任。2014 年 7 月法院最终认定医药费中剔除不属于医保报销部分，判决广告公司支付死者家属总额为 203847 元。

权利解析

享受社会保险和福利的权利是指劳动者有权要求用人单位为其办理失业、养老、工伤等项目的社会保险，并按规定缴纳社会保险费；有权在劳动能力丧失或失业期间要求社会保险经办机构和用人单位支付社会保险待遇；有权享用社会公共福利设施和本单位集体福利设施，有权要求用人单位支付法定和约定的福利性津贴（补贴）。

因此本案中参加工伤保险、缴纳工伤保险费是用人单位的法定职责，《工伤保险条例》第十条第一款明确规定，用人单位应当按时缴纳工伤保险费。职工个人不缴纳工伤保险费。在现实中，很多企业出于最大利润的考虑，为劳动者不缴或者少缴社会保险费，而在中国劳动力供大于求的状况下，劳动者为了生计难以主张自己的合法权益，这也就造成了劳动者参保率低、保险争议隐患多。无论是外地员工还是本地员工，都享有依法参加社会保险的权利，这也是用人单位的法定的强制性责任。用人单位为了长远的发展，为了避免劳动纠纷，为了更好地履行自己的社会责任，应当积极为自己的员工依法缴纳社会保险。

权利依据

《中华人民共和国劳动法》

第七十二条　社会保险基金按照保险类型确定基金来源，逐步实行社会统筹。用人单位与劳动者必须依法参加社会保险，缴纳社会保险费。

第七十六条第一款　国家发展社会福利事业，兴建公共福利设施，为劳动者休息、休养和疗养提供条件。

《工伤保险条例》

第十条　用人单位应当按时缴纳工伤保险费。职工个人不缴纳工伤保险费。

用人单位缴纳工伤保险费的数额为本单位职工工资总额乘以单位缴费费率之积。

对难以按照工资总额缴纳工伤保险费的行业，其缴纳工伤保险费的具体方式，由国务院社会保险行政部门规定。

第六十二条　用人单位依照本条例规定应当参加工伤保险而未参加的，由社会保险行政部门责令限期参加，补缴应当缴纳的工伤保险费，并自欠缴之日起，按日加收万分之五的滞纳金；逾期仍不缴纳的，处欠缴数额1倍以上3倍以下的罚款。

依照本条例规定应当参加工伤保险而未参加工伤保险的用人单位职工发生工伤的，由该用人单位按照本条例规定的工伤保险待遇项目和标准支付费用。

用人单位参加工伤保险并补缴应当缴纳的工伤保险费、滞纳金后，由工伤保险基金和用人单位依照本条例的规定支付新发生的费用。

接受职业技能培训权

——保障劳动者实现就业权的一项重要制度

案例背景

张某英语专业毕业后在一家私人办的学校教英语。当初签订劳动合同时，学校向她收取了 500 元的培训费。但在工作中她发现所谓的"培训"只不过是老师之间的互相交流，学校并没有请专人对她们培训过。按照国家规定，用人单位必须按照本单位工资总额的一定比例提取培训费用，用于对劳动者的职业培训，因此该项费用也应由单位出。张某有权要求单位退还，还可以向劳动行政部门举报，由劳动行政部门责令其退还，并给予该学校一定的处罚。

权利解析

接受职业技能培训权，主要是指劳动者有权利用用人单位提供的职业培训条件，参加用人单位组织的职业培训。

劳动者有通过用人单位的职业培训而获得从事职业所需的专业技术知识和实际操作技能的权利，是保障劳动者实现就业权的一项重要制度，也是促使劳动者和企业共同成长的重要途径。劳动者经过职业培训而提高劳动能力的，有权要求用人单位按照其劳动能力进行使用和给予待遇。

劳动法保障劳动者享有培训的权利，企业不能将提取的培训费用挪作他用，也不能以"培训费"的名义乱收费。目前，企业无视劳动者职业培训权的现象在我国日益严重。一些企业不给职工提供上岗培训，或以上岗培训为由向劳动者收取培训费，这是违反法律规定的，劳动者可以向劳动行政部门举报，监督企业依法履行职责，保护自己的合法权益。

另外，根据《劳动合同法》的规定，只有在试用期满劳动合同期内，劳动者要求解除劳动关系时，用人单位方可要求劳动者支付培训费用。在支付培训费的比例上，法律是禁止全额返还的，没有约定服务期的，按劳动合同期限等额递减支付，没合同的按5年服务期等额递减。劳动合同期限届满终止劳动关系，用人单位不得要求劳动者支付培训费。企业应严格履行培训合同。企业与职工签订职业培训合同，其内容必须合法，不得有非法的要求，并且一定要严肃执行合同所约定的义务。

权利依据

《中华人民共和国劳动法》

第三条　劳动者享有……接受职业技能培训的权利……

第六十六条　国家通过各种途径，采取各种措施，发展职业培训事业，开发劳动者的职业技能，提高劳动者素质，增强劳动者的就业能力和工作能力。

第六十八条第一款　用人单位应当建立职业培训制度，按照国家规定提取和使用职业培训经费，根据本单位实际，有计划对劳动者进行职业培训。

《中华人民共和国就业促进法》

第四十七条第三款　企业应当按照国家有关规定提取职工教育经费，对劳动者进行职业技能培训和继续教育培训。

《中华人民共和国劳动合同法》

第九条　用人单位招用劳动者，不得扣押劳动者的居民身份证和其他证件，不得要求劳动者提供担保或者以其他名义向劳动者收取财物。

提请劳动争议处理权

——劳动者权益保障的重要途径

案例背景

王某系某公司部门经理。该公司《工资支付办法》的规定，王某所在岗位月工资为3500元。2012年2月20日，公司以王某所在部门物品丢失（价值约1万元）为由，让王某停职。同年3月1日，公司作出处理决定："因王某所在部门物品丢失，该同志身为部门第一责任人应承担直接责任。经研究决定：撤销王某部门经理职务，在本部门任职员，工资按相应岗位标准进行调整。本决定自公布之日起执行。"调整后，王某的岗位工资为1200元。公司支付王某2月份工资2450元（20日后按生活费计算），3月份起按新标准执行。公司《奖惩办法》规定："员工因个人原因造成单位物品丢失，应按物品价值的20%予以赔偿，情节严重的给予通报批评、降职处分，直至解除劳动合同。"公司各部门均设有专职后勤人员负责本部门物品管理。

王某认为作为部门经理，他对本部门的各项工作均负有管理责任，但因其所在部门的物品有专人管理，王某对物品的丢失只承担管理责任，不应承担直接责任。根据公司《奖惩办法》的规定，只有因职工个人原因造成物品丢失，且情节严重的才可给予降职处理。由于王某不是本部门物品丢失的直接责任人，也就未构成公司规定的可对其降职处理的要件，该处理决定应予撤销，并恢复王某的工作岗位。王某依法提起劳动争议，要求单位：（1）双方继续履行劳动合同约定的工作岗位；（2）公司按3500元的标准支付其2004年2、3月的工资差额。

权利解析

提请劳动争议处理权，是指在劳动关系当事人双方因劳动权利和劳动义务发生分歧而引起争议时，劳动者有权就该争议向国家劳动争议处理部门提请处理的权利。我国现行立法确定的劳动争议处理机制包括：劳动争议调解、劳动争议仲裁、劳动争议诉讼。可以概括为"一调一裁"两审体制，亦即"先裁后审"。

对于因企业开除、除名、辞退职工和职工辞职、自动离职发生的争议；因执行国家有关工资、保险、福利、培训、劳动保护的规定发生的争议；因履行劳动合同发生的争议等劳动者均可提起劳动争议仲裁。国家机关、事业单位、社会团体与本单位工人之间、个体工商户与帮工、学徒之间发生的劳动争议也属于劳动仲裁的受案范围。劳动争议案件属于仲裁前置程序，即劳动关系一方应首先将劳动争议提交劳动争议仲裁委员会处理，对处理结果不服的才可以向法院提起诉讼，而不能直接到法院提起诉讼。同时根据现行法律规定，劳动者行使劳动争议处理权的时效为1年，从当事人知道或者应当知道其权利被侵害之日起计算。

权利依据

《中华人民共和国劳动法》

第七十七条第一款 用人单位与劳动者发生劳动争议，当事人可以依法申请调解、仲裁、提请诉讼，也可以协商解决。

第七十八条 解决劳动争议，应当根据合法、公正、及时处理的原则，依法维护劳动争议当事人的合法权益。

《最高人民法院关于审理劳动争议案件适用法律若干问题的解释（一）》

第十三条 因用人单位做出的开除、除名、辞退、解除劳动合同、减少劳动报酬、计算劳动者工作年限等决定发生的劳动争议，用人单位负举证责任。

第三节　其他权利

相　邻　权
——要求相邻方提供便利或接受一定限制的权利

　　张某居住 204 室，朱某居住在 203 室，二人是邻居关系。朱某的脱排油烟机排风管和煤气淋浴器排气管安装在张某大门左边墙体上方，张某怕管道排出的废气对身体健康造成不良影响，不敢开启大门通风。故张某起诉至法院，要求朱某将脱排油烟机排风管和煤气淋浴器排气管管道延长，延伸至室外。朱某认为，二人居住的房屋是 20 世纪 90 年代的老房子，自己居住的 203 室没有公共烟道，所以才将脱排油烟机排风管和煤气淋浴器排气管安装在 203 室右边墙体上。

　　法院审理之后认为，被告朱某将脱排油烟机排风管和煤气淋浴器排气管安装在自己房屋大门右边墙体上方，废气直接排放在走廊内，确实对原告张某的通风造成一定影响，也不利于身体健康。故判令朱某于判决生效之日起 10 日内将安装在 203 室大门右边墙体上方的脱排油烟机排风管和煤气淋浴器排气管管道延长，延伸至室外。

权利解析

相邻权,是指两个或两个以上相邻不动产的所有人或使用人,在行使占有、使用、收益、处分权利时给对方提供便利所发生的权利义务关系,也就是在相邻的两个不动产之间,一方为了让自己的生活更便利,通常要使用对方的不动产或限制对方对其不动产的使用,如在邻居土地上通行、排水,邻居的房屋不得阻碍自己的房屋的采光、通风等。根据我国《物权法》的规定,不动产相邻各方,应当依照法律、法规及社会公德等,本着方便生活、团结互助、公平合理的精神,正确处理相邻关系。上述案例均是由于一个不动产对另一个不动产利益的侵害引起的,因此受侵害方有权要求对方排除妨害,恢复原状,造成损失的应赔偿损失。

邻里之间的生活息息相关,各种磕磕绊绊在所难免。排水、采光、通风、通行、借用邻居的土地铺设管道等都可能引起邻里纠纷。这就要求我们要本着互相照顾、方便生活的原则,正确处理好和邻居之间的关系,尽量避免闹到法院,伤了邻里感情。

权利依据

《中华人民共和国物权法》

第八十四条 不动产的相邻权利人应当按照有利生产、方便生活、团结互助、公平合理的原则,正确处理相邻关系。

第八十九条 建造建筑物,不得违反国家有关工程建设标准,妨碍相邻建筑物的通风、采光和日照。

第九十条 不动产权利人不得违反国家规定弃置固体废物,排放大气污染物、水污染物、噪声、光、电磁波辐射等有害物质。

地 役 权

——利用他人土地给自己的土地提供便利的权利

案例背景

大发房地产公司取得了某市位于海滨的一块土地，并想将该块土地设计成临海的别墅，以达到"面朝大海，春暖花开"的效果。因此设计师在设计时以"观海"为理念对该系列的别墅进行了别出心裁的设计，并在建成后起名为"观海别墅家园"。大发房地产为了达到观海的效果，与其前面的一家观海酒楼达成了书面合同，观海酒楼在30年内不得建造超过15米的高层建筑，大发房地产公司为此每年支付观海酒楼10万元的费用作为补偿。后大发房地产公司与观海酒楼对该份地役权合同进行了登记备案。

观海别墅建成后，李先生购买了一套。一年后，观海酒楼将自己的酒楼转让给了向阳房地产公司，向阳房地产公司准备在观海酒楼原来的基础上将酒楼加高，以达到登高远望的效果。李先生等户主听说后，纷纷表示反对，认为观海酒楼同意了30年内不建高层建筑，向阳房地产公司此举违反了合同规定，侵犯了自己的观海权，因此要求向阳公司立即停止侵权。向阳公司则认为合同是约束观海酒楼和大发房地产的，李先生等人和自己之间没有合同，自己并没有违反合同约定。李先生等人遂将向阳公司告上法院，请求法院判决向阳公司停止侵权，遵守地役权合同的相关约定。向阳公司则答辩称自己非合同当事人，因此不受地役权合同约束。

法院在审理查明了上述事实的基础上，认为根据我国《物权法》的规定，需役地转让后，需役地上设置的地役权也一并转让给受让人。供役地转让后，供役地上设置的地役权对受让人具有约束力。但是地役权未经登记的不得对抗善意第三人。本案大发房地产公司与观海酒楼设置的地役权，在大发公司将房子卖给李先生等人时，李先生就取得了在观海酒楼上设置的地役权。而观海酒楼在将酒楼卖给向阳公司时，由于该地役权经过登记，因此向阳公司应该知道该地役权的存在，所以其不属于善意第三人，向阳公司理应受到地役权合同的约束。因此法院判决向阳公司停止侵权，并在地役权的有效期内不得建造高层建筑。

权利解析

地役权，是指为了给自己的土地提供便利而利用他人土地的权利。为了得到便利的土地是需役地，给别人提供便利的土地是供役地。地役权是在不动产的所有人或使用人之间通过订立合同设立的。需役地的所有人或使用人为了得到这种便利通常要给供役地的所有人或使用人支付一定的价款。

地役权的期限由当事人约定，但不得超过土地承包经营权、建设用地使用权等用益物权剩余的期限。土地所有权人享有地役权或者负担地役权的，设立土地承包经营权、宅基地使用权时，该土地承包经营权人、宅基地使用权人继续享有或者负担已设立的地役权。地役权不得单独转让和抵押。即土地承包经营权、建设用地使用权、宅基地使用权等转让的，地役权一并转让，但合同另有约定的除外。土地承包经营权、建设用地使用权等抵押的，在实现抵押权时，地役权一并转让。

一旦供役地人或需役地人将其不动产的所有权或使用权出让，地役权也随之转让，新的供役地人和新的需役地人同样受该地役权的约束。但是未经登记的地役权不得对抗善意第三人。所谓不得对抗善意第三人是指，如果第三人在购买供役地时，由于地役权未经登记，第三人不知道自己所购土地为供役地的，第三人就不再受供役地合同的约束，地役权人就不得向第三人主张自己的权利。本案地役权经过登记，因此，地役权对于新的受让人具有约束力，新的受让人得遵守关于地役权的约定。

权利依据

《中华人民共和国物权法》

第一百五十八条 地役权自地役权合同生效时设立。当事人要求登记的，可以向登记机构申请地役权登记；未经登记，不得对抗善意第三人。

第一百六十四条 地役权不得单独转让。土地承包经营权、建设用地使用权等转让的，地役权一并转让，但合同另有约定的除外。

留 置 权
——保证债权人实现债权的最优先方式

案例背景

2014年4月，某外贸公司委托某个体户秦某加工一批连衣裙。双方签订了书面合同。双方在合同中约定，秦某为外贸公司加工女士连衣裙，服装面料由外贸公司提供，外贸公司付给秦某加工费用总计6万元。合同还约

定，自外贸公司提供的面料到货后开始加工，分两批交货，5月底交一次，6月底交一次。双方还约定，每次连衣裙做好后，由秦某通知外贸公司，外贸公司来取货，取货同时付款。

4月20日，秦某接到外贸公司提供的面料后开始雇人组织生产连衣裙。5月25日，秦某按照约定完成了第一批女士连衣裙，并通知外贸公司来取货。外贸公司按期提走这批货物，但是并没有交钱，并告诉秦某于下次交货时一并给付加工费。秦某觉得这么大的外贸公司不会赖自己的账，对此就没有提出异议。

6月30日，秦某完成了第二批连衣裙，并通知外贸公司提货。外贸公司提货时，仅付给了秦某3万元的现金，并声称这3万元是付上一批欠款的。对于第二次的加工款，待这批裙子卖出去之后再付。秦某听了之后，很是生气，认为外贸公司不讲信用。于是将这批裙子给扣下了，并将外贸公司开来的一辆货车也给扣下了，声称外贸公司何时付款，自己何时交货、还车。后双方协商未果，外贸公司向法院提起诉讼，要求秦某交货并归还非法扣押的货车。

法院经审理后查明，认为外贸公司与秦某构成加工承揽的关系，根据我国《物权法》第二百三十条的规定，债务人不履行到期债务，债权人可以留置已经合法占有的债务人的动产，并有权就该动产优先受偿。因此秦某可以留置外贸公司的连衣裙。但是对于秦某留置的货车，法院认为是非法扣押，因为根据《物权法》规定，留置权的行使必须基于同一债权债务关系，本案中货车不属于加工承揽合同标的，因此秦某无权留置货车，因此判决秦某返还货车。

权利解析

留置权是一种法定担保物权，债权人对基于同一债权债务关系而占有的债务人的动产可以行使留置权并就该动产优先受偿，但是对于法律规定或当事人约定不得留置的，则债权人不得留置，即如果双方当事人在合同中事先规定不得留置财产的，或者留置财产有损公共利益的，债权人则不得留置。比如合同标的物是抗震救灾的衣物，则债权人不得留置该衣物。留置权必须是基于同一债权债务关系产生的，当事人不得留置该债权债务之外的财产，但企业之间的留置除外，如果留置发生在企业之间，债权人企业可以留置该债权债务之外的财产，如上述案例若是两个企业之间的合同，则秦某所代表的企业有权留置货车。

债权人留置了动产之后通常要给债务人一定的履行义务的宽限期，若债务人在该期限内还不履行，债权人可以就留置的动产拍卖后优先受偿，不给宽限期就拍卖是违反法律规定的。本案中，秦某加工连衣裙，外贸公司却不付款，因此秦某有权留置该批连衣裙，如果到期外贸公司仍不付款，秦某可以将该批连衣裙拍卖优先受偿。

权利依据

《中华人民共和国物权法》

第二百三十条 债务人不履行到期债务，债权人可以留置已经合法占有的债务人的动产，并有权就该动产优先受偿。

前款规定的债权人为留置权人，占有的动产为留置财产。

第二百三十一条 债权人留置的动产，应当与债权属于同一法律关系，但企业之间留置的除外。

建设用地使用权

——公民依法使用国有土地的权利

案例背景

2013年6月，某市国土资源局发布了《国有土地使用权招标出让通知》，要将本市西北角的一块老城区招标拍卖，以建成新的住宅区，解决本市房屋短缺的现象。后茂发公司以3.58亿元的价格获得了该块土地的建设用地使用权。

2013年8月，该市国土资源局与茂发公司签订了《国有土地使用权出让合同》，约定了土地使用权的出让年限、出让面积、出让价款等。其中有一条特别规定："此次出让的国有土地全部用于城市住宅区开发，不得作为他用。"

2014年2月，茂发公司开始着手对该老城区进行开发，但是在开发过程中，茂发公司认为将这块土地开发成商业中心将具有更大的价值，也会获得更大的利润。于是茂发公司在未取得国土资源局同意的情况下，擅自改变了土地用途，将其开发成商业中心。工程进行到1/3的时候，被国土资源局发现，国土资源局找到茂发公司，要求其按照合同规定进行住宅区开发，立刻停止商业中心的开发。茂发公司则坚决不同意，认为自己买来的土地想怎么用就怎么用。无奈之下，国土资源局将茂发公司起诉到法院，要求解除与茂发公司的合同，并要求法院责令茂发公司立即停止商业中心的开发。而茂发公司答辩称这块土地是自己买来的，茂发公司有权按照自己的意愿利用该土地，而且工程已经进行了1/3，茂发公司投入了巨大的人力和财力，因此不同意解除合同。

后经法院查明，认为国土资源局的要求于法有据，但是若判令解除合同对于尚未完工的工程又是巨大的损失，遂主持双方调解，双方达成调解协议如下：

1. 双方签订合同继续有效；

2. 国土资源局允许茂发公司将 1/2 的土地用于商业中心的开发，剩下的 1/2 要依约开发成住宅区；

3. 茂发公司支付违约金 300 万元。

权利解析

建设用地使用权，是指因建筑物或构筑物及其附属设施而使用国家所有的土地的权利。单位和个人可以通过划拨、招标或拍卖的方式，有偿或无偿取得国家土地使用权，在国家土地上建造楼房或商场等建筑物，自用或卖给他人使用。

根据我国法律规定，个人或单位有权通过招标、划拨或出让等方式取得建设用地使用权。所谓招标是指通过公开竞价的方式，邀请潜在投标者对某块建设用地使用权投标，通常是条件最优、出价最高的投标者中标，取得建设用地使用权，这是最广泛使用的一种方式；所谓转让是指政府与使用人通过双方协商，签订出让合同，取得建设用地使用权的方式；所谓划拨是指县级以上人民政府依法批准，在土地使用者缴纳补偿、安置等费用后将该土地交付其使用，或者将土地使用权无偿交付给土地使用者使用的行为。以划拨方式取得土地使用权的，除法律、行政法规另有规定外，通常没有使用期限的限制。我国严格限制通过划拨方式取得土地使用权，对于工业、商业、旅游、娱乐和商品住宅等经营性用地应该采取招标、拍卖等公开竞价的方式出让。

因此，任何符合条件的单位和个人都有权通过合法手段取得建设用地使用权，建设用地使用权人依法对国家所有的土地享有占有、使用和收益的权利。

需要注意的是，建设用地使用权人只依法享有使用权，不享有所有权，也就是说土地仍然是国家的，使用权人并不能对土地任意处置。建设用地使用权人必须严格遵守土地用途管理制度进行开发。土地用途一旦确定，非经过特殊批准，不得挪作他用。本案中，茂发公司未经许可，擅自改变土地用途，违法合同约定，因此国土资源局有权要求其正确使用土地，停止实施违约行为。

权利依据

《中华人民共和国物权法》

第一百三十五条 建设用地使用权人依法对国家所有的土地享有占有、使用和收益的权利，有权利用该土地建造建筑物、构筑物及其附属设施。

第一百四十条 建设用地使用权人应当合理利用土地，不得改变土地用途；需要改变土地用途的，应当依法经有关行政主管部门批准。

采 光 权

——房屋所有人或使用人从室外取得适度光源的权利

案例背景

村民王某与刘某两家是前后邻居。2010 年王某承包了村里的果园，因其吃苦耐劳、经营有方，果园越弄越好，王某的日子也越过越红火。2014年9月，王某作出决定，拆除平房，在原有的宅基地上盖一个现代化的两层小洋楼。

不料刘某听说此事以后，就找到王某，说自己和王某是前后邻居，且房子之间间隔又小，如果王某建楼，盖好以后，由于楼房高度是自己平房的两倍，势必会将自家的平房罩在阴影里，影响自己家的采光。因此刘某要求王某在建房时要合理控制高度，以免该房建成后会导致自家房屋因采光不足而阴暗潮湿。

王某则认为自己是在自家的宅基地上建房，想盖多高就盖多高，谁都管不着。刘某几次劝说王某，王某就是置之不理，并很快请来了施工队开始在自家的宅基地上建造小楼。刘某无奈之下于2014年11月将王某诉至当地的基层人民法院，请求法院责令王某停建楼房，维护自己的采光权。

法院经审理认为，王某建造小洋楼的行为，侵犯了刘某的采光权，根据我国《物权法》第八十九条的规定，建造建筑物，不得违反国家有关工程建设标准，妨碍相邻建筑物的通风、采光和日照。王某搭建小洋楼本身不违法，但是他却置后邻刘某的利益于不顾，明知过高建筑物会损害刘某的采光权，仍一意孤行，给刘某的生活带来极大不便，违反了《物权法》的规定，因此法院判决王某停止侵权，并于判决生效之日起5日内拆除建筑物超出高度的部分。

权利解析

采光权是指居民为保室内明亮，从室外取得适度光线的权利。采光权是居民健康生活的重要指标，合适的采光对人体健康、对住宅质量来说都是很重要的。现代居民对采光权也越来越重视，尤其是在高楼林立的现代都市，如果控制不好高楼建筑物之间的距离和高度，就有可能影响相邻的采光权，

影响居民生活质量，损害居民健康。因此我国《物权法》规定，建造建筑物不得违反国家工程建设标准，以免妨害相邻的采光等。由此可见，采光权是我们健康生活的一项重要权利，任何人都不得侵犯。对妨碍采光权的行为，居民可以依法请求停止侵害，排除妨害，造成损失的还应赔偿损失。本案中，王某建造高层住房，阻挡了刘某的采光，刘某有权要求王某停止侵害。

权利依据

《中华人民共和国物权法》

第八十九条 建造建筑物，不得违反国家有关工程建设标准，妨碍相邻建筑物的通风、采光和日照。

日 照 权
——居民有接受直接日照的权利

案例背景

2014 年 5 月，齐某所在小区对面马路开始施工。2014 年 12 月，对面参天大楼盖起来之后，齐某发现自家的屋子再也没了光照，特别是大冬天的室内尤其寒冷，在南方没有暖气供应的情况下，日子显得尤其难熬。

而且由于高楼与其主楼相距不到 30 米，高楼的高层住户可以一览无余地看到他家的情况，因此齐某一家不得不在大冬天成天拉着窗帘，导致本来就没有光照的室内更冷了。为了解决寒冷问题，齐某只得购买取暖设备，这导致电费开销不断上涨。齐某打算卖了房子，可是买房人一看到这种情况就摇头走了。

无奈之下，齐某于 2015 年 1 月将建造对面大楼的房地产公司告上了法庭，认为房地产公司侵犯了他家的日照权、隐私权、眺望权等，并使得家人心情烦闷，健康受到影响，因此要求房地产公司赔偿其房屋贬值费、电费、日照的损害赔偿费等费用共计 20 万余元。

被告房地产公司答辩称，他们在开发建造高层住宅的过程中取得了行政主管部门的多项许可证，属于合法建造。原告住房缺少阳光是因为他们住房的户型结构不合理。因此认为自己不应赔偿给齐某任何损失。

法院受理此案后，委托鉴定部门对齐某的房子日照情况进行了测算。测算报告显示，对面高层住宅没有时，在冬至日，齐某的房屋客厅日照时间在 2 小时以上；高层住宅建成后，在冬至日，他们家客厅的日照时间不足 1 小时。因此，该数据表明，齐某家的住房光照不足，确实是由于该对面的高层建筑物所致。根据《物权法》第八十九条对于日照采光的规定，以及《民法通则》第八十三条关于相邻不动产的通行、通风、采光权的规定等，又鉴于该建筑物拆除会破坏公共利益因此不能拆除等情况，法院判决被告房地产公司赔偿齐某 15 万元的经济损失。

权利解析

日照权是指居民室内直接接受阳光照射的权利，这不同于采光权。采光仅指室内光线的明暗，不要求阳光直接照射。当居民的日照权受到侵犯时，居民可以要求侵权人停止侵害，排除妨害，造成损失的还应该赔偿损失。

日照权同采光权一样，也是衡量居民住宅质量的一个重要标准。日照权直接影响到居民的身体健康及心理健康。我国《物权法》规定了居民的日照

权，任何人都不得以任何理由侵犯居民的此项权利。高层建筑物是日照的杀手，因此高层建筑物的开发商在建楼时应该考虑相邻建筑物的日照采光，而不能仅仅以得到国家批准就置相邻居民的利益于不顾。

权利依据

《中华人民共和国物权法》

第八十九条 建造建筑物，不得违反国家有关工程建设标准，妨碍相邻建筑物的通风、采光和日照。

《中华人民共和国国家标准城市居住区规划设计规范》

住宅日照标准应符合一定的规定，对于特定情况还应符合下列规定：

（1）老年人居住建筑不应低于冬至日日照2小时的标准；

（2）在原设计建筑外增加设施不应使相邻住宅原有日照标准降低；

（3）旧区改建的项目内新建住宅日照标准可酌情降低，但不应低于大寒日日照1小时的标准。

景 观 权
——公民有观赏风景的权利

案例背景

2013年，王先生在重庆市某小区买了一套住宅。买房时，与其签约的某房地产开发公司向其承诺，该小区西边临湖，北边有一片林地，开发商还会在小区的空地建立了一个小型精致的美丽花园，可供业主休憩、娱乐，因此，该房的房价也要比一般的贵 10 万元左右。王先生鉴于该小区的美丽风景，就毫不犹豫地签了约，并于 2013 年 5 月份入住。

刚住进去时，虽然风景没有开发商描绘的那么美好，但是开发商承诺的湖、林地确实有，因此王先生也觉得心满意足。可惜好景不长，2014 年 6 月，忽然有另一家开发商取得了小区西北部的建设用地使用权，要在小区的西北部建楼，也就意味着小区西北部的湖和林地将要一去不复返，而当初买房时开发商许诺的景观也就不复存在了。

王先生认为，既然开发商当初没有取得这片景观的使用权，就无权将该景观置于自己的购房合同中，骗取高额的景观费。王先生遂找到原来的开发商，要求返还多收的购房款，开发商却坚决不同意，认为合同已经签订了怎么能反悔，而且当初买房时景观是有的，现在景观不在了不是自己的原因，因此不同意承担责任。

2014 年 7 月，王先生在协商未果的情况下，将开发商告上了法院。人民法院审理查明，认为王先生与某房地产公司签订的房屋买卖协议系双方当事人真实意思的表示，内容合法，应受法律保护，协议中关于小区外围湖和林地的约定可以证明王先生所购房屋确实是风景房，风景房的价位高出其他普通房屋 15 万元的事实也属实。但是，现在王先生所购风景房的周围风景已变成建筑用地，王先生享受优美景观的目的不能实现，开发商违反了合同约定，因此法院判决开发商赔偿王先生相当于购买风景而多支付的房款部分 12 万余元。

权利解析

简单地讲，"景观权"可以理解为享受美好景观的权利。具体说来，景观权是指在人类生存、活动的公众视野范围内，国家机关、社会团体和个人在改造人为环境时，会加入美学思想，考虑人的视觉、感受，并在不损害其他自然物的自由发展的前提下，建立起人与自然和谐发展的环境，使得公众在获得物质享受的同时也得到感观的享受。

对于景观权我国法律也没有明确规定，但是法院通常依据处理相邻不动产关系的原则来处理景观权纠纷，对于景观权受到侵害的，权利人可以要求停止侵害、排除妨碍、赔偿损失。

随着人民生活水平的提高，一般的房屋已经满足不了很多人的需求了，风景房成为很多人购房的首选，因此风景房往往也比普通住房贵很多。但是现实生活中却会出现买了风景房看不到风景的情况，这就提醒购房者在买房时要查清楚该开发商对该风景所占用地是否拥有使用权，如果没有的话，其做出的优美景观的承诺是不可靠的。

权利依据

《中华人民共和国民法通则》

第八十三条 不动产的相邻各方，应当按照有利生产、方便生活、团结互助、公平合理的精神，正确处理截水、排水、通行、通风、采光等方面的相邻关系。给相邻方造成妨碍或者损失的，应当停止侵害，排除妨碍，赔偿损失。

《中华人民共和国合同法》

第一百零七条 当事人一方不履行合同义务或者履行合同义务不符合约定的，应当承担继续履行、采取补救措施或者赔偿损失等违约责任。

批评、建议权

——公民有权对国家机关工作人员的活动进行监督

案例背景

2012年6月某县某乡新一届人大代表刚刚产生。为了树立良好的警风警纪新形象，为两个文明建设服务，乡政府副乡长兼派出所所长刘某便邀请乡人大代表到派出所帮助他们挑毛病、提意见。代表们纷纷结合实际，对派出所工作提出了意见。代表们普遍认为，派出所一年来的工作成绩应该予以肯定，但因执法不严，"村霸""街霸"等不法分子闹事现象经常发生，派出所应集中精力，严厉打击这些不法分子，确保一方平安。对代表提出的建议，派出所的领导们表示赞同，并采取措施加以解决。这样，某乡的治安状况大为好转，人民安居乐业，大家齐心协力忙生产，经济发展慢慢平稳起来。

权利解析

批评权，是指公民对国家机关和国家工作人员在工作中的缺点、错误有提出批评意见的权利。建议权，是指公民对国家机关、国家工作人员的工作有提出建设性意见的权利。

批评建议权是公民的一项权利。作为一个公民有权向国家机关和国家工作人员提出批评或一些建设性意见。批评建议权是每个公民都享有的。政府以及一些工作人员有哪些地方做得不好、出现哪些错误，哪些事情是当前老百姓急需解决的问题，公民都有权提出。那么，公民的批评建议权怎样才能实现呢？如果反映了情况，受到打击、报复怎么办？所以，保证此项权利的实现，必须要有法律的保障。没有法律保障，这项权利就形同虚设。

在我国的根本大法《宪法》中有明确规定，保障实现公民的批评建议权，可以切实保证人民对国家机关及其工作人员依法活动进行有效的监督。可见，国家非常重视保障公民实现批评建议权，不仅在《宪法》和法律中保护公民的监督权，党和国家领导人也十分重视人民的监督工作。因此，公民在行使批评建议权时，便有了法律和制度的保障。

权利依据

《中华人民共和国宪法》

第四十一条第一款 中华人民共和国公民对于任何国家机关和国家工作人员，有提出批评和建议的权利；对于任何国家机关和国家工作人员的违法失职行为，有向国家机关提出申诉、控告或者检举的权利，但是不得捏造或者歪曲事实进行诬告陷害。

控告、检举权

——控告、检举权是公民的合法权利

案例背景

　　某县副县长的徐某，在县城职业中学旁边的灯光球场开了一家夜总会，取名"情人岛"。为方便客人停车，夜总会拆除了学校围墙，让操场变成停车场。学校找来工人重建围墙后不久，夜总会又强行拆了围墙。几个月内，双方拆、建围墙3次。学校多次向徐某提出抗议，但都无济于事。不但如此，学校的篮球场、单双杠、跑道等，也遭到不同程度的毁坏，严重影响了学校的教学秩序。

　　媒体对此事曝光后，县公安局、县检察院、县法院、县建委、县国土局联合执法，拆除了夜总会。后来，徐某当上了县政协副主席。一日，职业学校校长李某骑自行车回家途中，突遭袭击而受伤。报案后，一直未得到处理，李某后来发现此事与徐某有关。但徐某却说自己根本不知道什么"情人岛"，也没开过夜总会，不存在与谁结怨，更没有雇凶伤人。

　　后来，李某以学校名义向县委发送了《关于校长李某被人报复致伤的情况报告》，控告该县政协副主席徐某以1000元雇凶伤人。该《报告》同时送达了县委、县政府、县人大、县政协主要领导。

权利解析

控告权，是指公民对任何国家机关和国家工作人员的违法失职行为，有向有关机关进行揭发和指控的权利。

检举权，是指公民对于违法失职的国家机关和国家工作人员，有向有关机关揭发事实，请求依法处理的权利。

控告、检举权作为公民的一项宪法权利，是国家为了发现、纠正公权力行使中的错误而赋予公民的权利。对于公民控告、检举权的行使，国家要通过完善制度，给予积极引导、认真对待和加强保护，以保障公民民主监督、政治参与的自觉性、理性和合法性。现实中，控告、检举往往也是破获刑事案件的来源和线索。

本案中，李某是在行使控告权。行使控告权和检举权是公民依法享有的权利，任何单位和机关均不得予以干涉。但是公民行使检举权和控告权应该采用合法的方式，不得损害他人的名誉，并且不得捏造或者歪曲事实进行诬告陷害，否则将会受到法律的制裁。本案中，李某采取的方式是符合法律规定的，是公民行使控告权的表现，应该得到法律认可。

权利依据

《中华人民共和国宪法》

第四十一条 中华人民共和国公民对于任何国家机关和国家工作人员，有提出批评和建议的权利；对于任何国家机关和国家工作人员的违法失职行为，有向国家机关提出申诉、控告或者检举的权利，但是不得捏造或者歪曲事实进行诬告陷害。

第三章

普遍性的权利

——不区别年龄段的法律权利

第一节　政治民主权利

言论、出版自由权
——法律保障公民的交流与表达

某甲为了当上学校校长，便到处搜集自己竞争对手李某的消息。当他听到有小道消息称李某曾经因嫖娼而被抓进派出所后，他便四处散播李某生活不检点，不适合做校领导，应当选一个生活上没有污点能够代表良好形象的人当学校领导的消息。后来，李某得知了某甲散布自己生活不检点的事情后，将某甲告上了法院，请求某甲赔礼道歉。某甲认为，自己有言论自由，并且自己是在得知了小道消息后才散布的，并不是完全没有依据的。

法院审理后，认定某甲散布的小道消息是一些对李某有意见的人捏造的，某甲构成了侵权，应当向李某赔礼道歉，消除影响。

言论自由，是指公民有权通过各种语言形式，针对政治和社会生活中的各种问题表达自己的思想和见解的自由。言论自由在宪法中主要指政治言论自由。言论自由在政治权利体系中处于核心地位，是民主政治的基础，具有政治监督作用。

我们国家保护公民的言论自由和出版自由，每个公民都可以用书面或口头形式表达自己对国家政治、社会生活的看法。但是需要注意的是，言论自由权的行使要有一定的限度，即不得对他人进行侮辱、诽谤、损害他人名誉。如案例中的某甲恶意毁损他人名誉，就不再是行使言论自由权的行为，而是侵权行为。《侵权责任法》第二条明确规定，侵害民事权益应当承担法律责任。这里所说的"民事权益"，就包括名誉权，因此，国家只保护法律范围内的自由，公民虽然享有言论自由权、出版自由权等权利，但必须在法律规定的范围内行使，不得损害国家的、社会的、集体的利益和其他公民的合法的自由和权利，否则就要受到法律的惩罚。

权利依据

《中华人民共和国宪法》

第三十五条 中华人民共和国公民有言论、出版、集会、结社、游行、示威的自由。

第五十一条 中华人民共和国公民在行使自由和权利的时候，不得损害国家的、社会的、集体的利益和其他公民的合法的自由和权利。

《中华人民共和国侵权责任法》

第二条 侵害民事权益，应当依照本法承担侵权责任。

本法所称民事权益，包括生命权、健康权、姓名权、名誉权、荣誉权、肖像权、隐私权、婚姻自主权、监护权、所有权、用益物权、担保物权、著作权、专利权、商标专用权、发现权、股权、继承权等人身、财产权益。

集会、结社、游行、示威权
——公民表达意愿的非暴力方法

案例背景

大学生甲和乙得知了日本抢占钓鱼岛的消息后，非常气愤，于是两人决定召集同学到本市去游行，抗议日本抢占钓鱼岛的事情，他们当晚就和多名同学达成一致，并设计好了游行的线路和时间。他们决定在中午 12 点的时候到本市最繁华的一条街游行，以把更多的人动员起来，一起抗议日本的行为。

但是当晚学校领导知道了这件事情后，紧急找到甲和乙，并对他们进行了教育，要他们遵守法律的规定。甲和乙迷惑了，怎么如此爱国的事情，就成了不遵守法律规定的行为了呢？

权利解析

集会、结社、游行、示威权指公民基于一定目的举行集会、游行、示威的权利。其中，集会权是指依法享有聚集于露天公共场所、发表意见、表达意愿的权利。结社权是指公民享有依法成立维护自身合法权益的社会团体的权利。游行权是指在公共道路、露天公共场所列队行进、表达共同意愿的权利。示威权是指在露天公共场所或者公共道路上以集会、游行、静坐等方式，表达要求、抗议或者支持、声援等共同意愿的权利。

177

其实，甲和乙打算游行是符合法律规定的，但是由于游行可能会影响到交通和居民的正常的生活，所以我国《集会游行示威法》对此作了详细规定。集会、示威、游行通常是由于公民对国家政治生活中的某件大事不满而引起的自发表达意见或抗议的行为，以期通过该行为得到自己满意的结果。但是集会、示威、游行必须符合宪法、法律规定，如不得携带刀具、武器等，要向公安机关申请并获得许可，要有负责人，要有具体的线路、地点等，游行中不得扰乱社会秩序，不得冲击国家机关等。如违反上述规定，主管机关要依照《治安管理处罚法》给予处罚，情节严重的还要负刑事责任，造成他人人身、财产损失的还要赔偿损失。

本案中，甲和乙的游行线路和时间可能影响到当地正常的生产和生活条件，会阻断交通，进而不利于当地的政治生活稳定。因此，学校的做法是合法的。甲和乙可以将游行的人数、时间、地点及时报告给当地公安机关，相信肯定会得到公安机关的指导处理的，这样，也就可以尽快地行使游行示威的权利了。

权利依据

《中华人民共和国宪法》

第三十五条　中华人民共和国公民有言论、出版、集会、结社、游行、示威的自由。

《中华人民共和国集会游行示威法》

第三条　公民行使集会、游行、示威的权利，各级人民政府应当依照本法规定，予以保障。

第二十九条　举行集会、游行、示威，有犯罪行为的，依照刑法有关规定追究刑事责任。

宗教信仰自由权
——表达了公民精神的寄托

案例背景

某甲是一个事业单位的科员，并且是一个基督教徒，单位领导得知后，多次找他谈话。但是某甲依然坚持自己的基督教信仰，单位领导见无法改变某甲的信仰，后来就以本单位是坚决拥护无神论的先进集体为由将某甲免职，某甲被免职后，向上一级机关申诉，后来上级机关批评了其单位领导的做法，并且作出决定：某甲被免职的理由不成立，恢复某甲在事业单位的工作。

权利解析

宗教信仰自由权，是指一国公民按照自己的意愿信仰或不信仰宗教，以及信仰何种宗教的自由的权利。宗教信仰自由权是一国宪法规定的公民基本权利之一。在我国，宗教信仰是公民个人依法享有的宪法基本权利之一，是公民精神方面的需要，任何公民都不得侵犯他人的宗教信仰，否则将受到国家公权力的制裁。上述案例体现的是对公民宗教信仰自由权的干涉，是不合法的。当公民的宗教信仰自由受到侵犯时，可以通过法律的途径维护自己的合法权益。但是法律同时也规定，公民在信仰宗教的时候，要选择符合法律规定的宗教，不得加入邪教组织，否则就要受到国家的取缔，甚至要受到

《刑法》的追究。

人格尊严权

——公民的人格尊严不容非法侵犯

案例背景

王某是某市某服装加工厂的一名普通女工。2014年3月15日，王某所在的服装加工厂要对外加工一批裤子，由于客户要求厂里3月22日下午2点钟交货，为了赶时间，服装厂将30多名员工分成3个班，王某任二班班长。

3月21日上午，厂里主管生产技术的副厂长郑某检查工作时发现，由于一班工作速度比较慢，不能按时完成任务，而二班在工作中配合甚好，提前完成了加工任务。郑某为了厂里能及时交货，就指示王某去一班拿原料加工，帮一班早点完成任务。王某按照郑某的指示到一班去拿原料，但拿了三次都没有拿到，因为是计件工资，一班不想将自己的活拿给别人干。王某将这一情况汇报给了郑某后，郑某当时什么也没说，只是告诉王某让她自己班上的职工把裤子线头剪一剪。

3月22日上班不久，郑某让王某把一班的28条裤子拿到她的班上做，当王某问及3月21日没有拿到加工原料，而造成自己所在班组停工一个半小时怎么算时，郑某听后很是生气，说王某能力不行，她才应该对其班组3月21日停工一个半小时负责，并生气地撤销了王某的班长职务。王某一气之下，将郑某诉至法院，并在起诉书中要求郑某向她赔礼道歉，赔偿精神损失费1元钱。法院于4月21日受理了此案。

王某认为，郑某只是该厂主管生产技术的副厂长，没有人事任免权，而且造成二班停工一个半小时不是她个人的原因。郑某的行为损害了她的人格尊严，对她本人的精神造成了巨大的压力和伤害，她要求郑某向她赔礼道歉，并赔偿精神损失费1元钱。

郑某则答辩称，王某被撤职不是自己作的决定，自己已经和该厂的相关领导一起研究过，作出撤职决定是厂里的安排，不是她个人的行为，所以她没有责任向王某道歉，并赔偿王某的精神损害。

2014年9月28日，一审法院判决驳回王某的诉讼请求，10月10日，王某向某市中级人民法院提起上诉，中级人民法院在审理过程中，在征得王某和郑某的同意后，主持双方进行调解，最终王某和郑某于11月16日达成了庭外和解。事后王某表示："我打这'一元钱'官司，不是为了别的，每个人都有人格尊严，我应该运用法律保护自己的合法权益，今天的结果我很满意。"

权利解析

　　人格尊严权，是指公民的名誉和公民作为一个人应当受到他人最起码的尊重的权利。我国《宪法》规定，公民的人格尊严不受侵犯，禁止对公民进行侮辱、诽谤和诬告陷害。但是我国民法对于人格尊严却并没有单独的规定，而是将对人格尊严的保护体现在对名誉权、肖像权、姓名权、隐私权、荣誉权的保护上面，侵犯任何一种上述人格权利都有可能构成对公民人格尊严权的侵犯。

　　如今为了"一元钱"打官司的案子越来越多，"一元钱"的官司不是为了"一元钱"，而是为了讨回做人的尊严，做人的尊严是多少钱都换不到的。因此，如本案所示，虽然"一元钱"赔偿事小，但是尊严事大，任何人都不得随意践踏他人的尊严。同时，"一元钱"官司也体现了我国广大民众法律意识的增强，这也是一种可喜的现象。

权利依据

《中华人民共和国宪法》

　　第三十八条　中华人民共和国公民的人格尊严不受侵犯。禁止用任何方法对公民进行侮辱、诽谤和诬告陷害。

《中华人民共和国民法通则》

　　第一百零一条　公民、法人享有名誉权，公民的人格尊严受法律保护，禁止用侮辱、诽谤等方式损害公民、法人的名誉。

平 等 权
——法律面前人人平等

案例背景

四川大学法学院 1998 级学生蒋韬看到《成都商报》上刊登《中国人民银行成都分行招录行员启事》，其中第 1 条"招录对象"规定："2002 年普通高等院校全日制应届毕业生具有大学本科及以上学历的经济、金融、计算机、法律、人力资源管理、外语等专业的学生。男性身高在 168 公分、女性身高在 155 公分以上，生源地不限。"

蒋韬认为成都分行的上述规定，是对身高不符合上述条件的报名者的身高歧视，侵犯了其享有的《宪法》赋予的担任国家公职的平等权。因此向法院提起诉讼，请求法院依法确认成都分行的具体行政行为违法、判令被告停止发布该内容的广告等。

成都市武侯区人民法院作出判决：驳回蒋韬的起诉。理由有二：一是中国人民银行成都分行招录行员行为不是其作为金融行政管理机关行使金融管理职权、实施金融行政管理的行为，因此，不属于被告的行政行为范畴，依法不属于人民法院行政诉讼的主管范围，二是被告的这一行为在做出时并未对外产生拘束力或公定力。

在法院审理过程中，成都分行自动撤销了关于身高限制的规定。因此，从实际后果来看，本案中蒋韬可说虽败尤胜。

权利解析

　　平等权是指凡是我国公民不论其民族、种族、性别、职业、宗教信仰、教育程度、财产状况、居住年限等有何差别，也不论其出身、政治历史、社会地位、政治地位有何不同，都平等地享受宪法和法律赋予的权利，平等地受宪法和法律的保护。平等权确立了国家机关活动的界限和基本出发点，也是公民实现基本权利的方法或手段。我们不能因为一个人的身高就否定其平等就业的权利，也不能因为一个人是女性，就在工作中对其实行差别歧视待遇。对于侵犯平等权的行为，公民有权拿起法律武器维护自己的合法权益。平等地对待每一个人，是对生命的尊重，也是对千差万别、丰富多彩的生活的尊重。

权利依据

　　《中华人民共和国宪法》

　　第三十三条第二款　中华人民共和国公民在法律面前一律平等。

　　第四十八条第一款　中华人民共和国妇女在政治的、经济的、文化的、社会的和家庭的生活等各方面享有同男子平等的权利。

　　《中华人民共和国劳动法》

　　第三条第一款　劳动者享有平等就业和选择职业的权利、取得劳动报酬的权利、休息休假的权利、获得劳动安全卫生保护的权利、接受职业技能培训的权利、享受社会保险和福利的权利、提请劳动争议处理的权利以及法律规定的其他劳动权利。

　　《中华人民共和国侵权责任法》

第十七条　因同一侵权行为造成多人死亡的，可以以相同的数额确定死亡赔偿金。

人　权
——公民作为人最基本的权利

案例背景

　　杨某和叶某是从外地来该市打工的，受雇于一家诊所并为其在外张贴广告。2013年6月10日，二人在张贴完了部分广告之后，就带着一桶糨糊和还没有张贴的广告在某广场休息。这时过来4名广场管理人员，上来就揪住杨某和叶某问话，由于他们没有穿任何制服也没有佩戴任何胸牌，因此杨某和叶某不知道这4个人的身份，出于恐惧不敢答话。这时这4名工作人员见二人随身带有广告和糨糊，就将二人带到了广场治安室。

　　到了治安室后，这4名管理人员命令杨某和叶某把上衣脱光，然后命令他们把广告贴到自己身上。他们还用裤带和塑料绳将杨某和叶某反绑吊在高低床的上床沿，逼二人反复背诵张贴的广告词，只要错一个字他们就打一下，直到一条皮带被打断。直到次日早晨近9时许，该4名工作人员又让杨某和叶某给他们打扫室内卫生，打扫完卫生后，治安室里的几个人带着杨某和叶某去找雇佣他们的老板。因为老板不在，他们几个人将二人再次带回了广场治安室，又用绳子把二人反绑在屋内床沿上，然后从外面把门锁上，遂自顾自地去吃早餐了。之后二人挣脱绳子从窗户跑了出去。

　　当天下午，二人到城区派出所报了案。从这4名广场管理人员拘禁二人到二人逃出，一共历时 10 多个小时。这 4 名管理人员对二人的殴打，造成二人全身多处软组织受伤。由于此案涉及国家工作人员，因此由某城区检察院立案侦查，后来以非法拘禁罪对该 4 名国家工作人员提起了公诉。

权利解析

所谓人权，是指在一定的社会历史条件下，每个人按其本质和尊严享有或应该享有的基本权利。就其完整的意义而言，就是人人自由、平等地生存和发展的权利，也就是说，人权是人类生存和发展所必需的最基本的权利，是人生而自由、生而平等的体现，也是人类从事其他一切活动的基础。

我国《宪法》规定，国家尊重和保障人权；公民的人身自由不受侵犯；禁止非法拘禁或以其他方法限制或剥夺公民的人身自由。我国《刑法》也规定：对这种非法拘禁他人的行为应当定罪处罚，而国家工作人员利用职权非法拘禁他人的应当从重处罚。本案中 4 名国家工作人员，虽有维护广场秩序和清洁卫生的权力，但限制他人人身自由、随意侵害他人身体的行为却是违法的。因此，无论是普通人还是国家工作人员，都不得随意侵犯公民的人身自由。这是尊重人权的一种体现，也是每个人在一定的社会环境中生存和发展的必要条件。如果人权得不到保障，其他一切权利都将成为一纸空文，人的发展和社会的进步也就无从谈起。

权利依据

《中华人民共和国宪法》

第三十三条第三款 国家尊重和保障人权。

第三十七条 中华人民共和国公民的人身自由不受侵犯。

任何公民，非经人民检察院批准或者决定或者人民法院决定，并由公安机关执行，不受逮捕。

禁止非法拘禁和以其他方法非法剥夺或者限制公民的人身自由，禁止非法搜查公民的身体。

第三十八条 中华人民共和国公民的人格尊严不受侵犯。禁止用任何方法对公民进行侮辱、诽谤和诬告陷害。

《中华人民共和国刑法》

第二百三十八条 非法拘禁他人或者以其他方法非法剥夺他人人身自由的，处三年以下有期徒刑、拘役、管制或者剥夺政治权利。具有殴打、侮辱情节的，从重处罚。

犯前款罪，致人重伤的，处三年以上十年以下有期徒刑；致人死亡的，处十年以上有期徒刑。使用暴力致人伤残、死亡的，依照本法第二百三十四条、第二百三十二条的规定定罪处罚。

为索取债务，非法扣押、拘禁他人的，依照前两款的规定处罚。

国家机关工作人员利用职权犯前三款罪的，依照前三款的规定从重处罚。

通信自由和通信秘密权
——法律保护公民的通信自由与通信秘密

案例背景

曾某受聘入职腾讯公司，被安排到公司安全中心负责系统监控工作。曾某通过购买QQ号在淘宝网上与杨某认识后，合谋窃取他人QQ号出售获利。期间，由杨某将随机选定的他人的QQ号通过互联网发给曾某。曾某私下破解了腾讯公司离职员工柳某使用过但尚未注销的"ioioliu"账号的密码（该账号拥有查看QQ用户原始注册信息，包括证件号码、邮箱等信息的权限），利用该账号进入本公司的计算机后台系统，根据被告人杨某提供的QQ号查询该号码的密码保护资料，然后将查询到的资料发回给被告人杨某，由被告人杨某将QQ号密码保护问题答案破解，并将QQ号的原密码更改后将号码出售给他人，使原注册用户无法使用。二人共计修改密码并卖出QQ号约130个，获利61650元。其中，曾某分得39100元，杨某分得22550元。

后来，某人民检察院以被告人曾某、杨某犯盗窃罪为由向某人民法院提起公诉。最终法院判决：被告人曾某犯侵犯通信自由罪，判处拘役6个月。被告人杨某犯侵犯通信自由罪，判处拘役6个月。追缴被告人曾某的违法所得39100元、被告人杨某的违法所得22550元，予以没收。

权利解析

所谓通信自由和通信秘密权，是指公民的通信自由和通信秘密受法律的保护的权利。我国《宪法》规定，除因国家安全或者追查刑事犯罪的需要，由公安机关或者检察机关依照法律规定的程序对通信进行检查外，任何组织或者个人不得以任何理由侵犯公民的通信自由和通信秘密。也就是说，公民、法人有权运用各种通信手段与外界进行正当交往，其他任何公民和组织不得非法干涉，不得非法扣押、隐匿、截取或毁弃他人的信件，不得妨害和限制公民、法人使用这些通信手段。

根据我国现行法律的规定，妨害公民通信自由的行为属于违法行为，要受到法律的制裁。我国《治安管理处罚法》规定，对于冒领、隐匿、毁弃、私自开拆或非法检查他人信件等行为，处以5日以下拘留或500元以下罚款。而对于情节更加严重的行为，触犯《刑法》的，则要受到刑罚的制裁。上述案例中侵犯公民通信自由的行为即属于情节严重的，因此构成犯罪。

权利依据

《中华人民共和国宪法》

第四十条　中华人民共和国公民的通信自由和通信秘密受法律的保护。除因国家安全或者追查刑事犯罪的需要，由公安机关或者检察机关依照法律规定的程序对通信进行检查外，任何组织或者个人不得以任何理由侵犯公民的通信自由和通信秘密。

《中华人民共和国刑法》

第二百五十二条　隐匿、毁弃或者非法开拆他人信件，侵犯公民通信自由权利，情节严重的，处一年以下有期徒刑或者拘役。

第二节　身体、财产权

生　命　权
——保护人身不受侵害的权利

　　婷婷与娟娟是成都市的一对普通双胞胎姐妹。2010年，妹妹娟娟患上了"狂躁型器质性间歇性精神病"，失去了生活自理能力。为了照顾妹妹，婷婷不得不辍学在家，可表面上坚强的她却总觉得不堪重负，于是她想杀死妹妹，彻底获得解脱。2013年4月21日晚，婷婷及父母前往医院探望娟娟。婷婷提出留在医院陪护妹妹。随后，婷婷为娟娟擦洗了身体。次日凌晨2时许，婷婷用枕头将娟娟捂死在病床上。凌晨3时许，婷婷打电话向公安机关投案，并如实供述了自己的犯罪事实。案发后，某医科大学医学技术鉴定中心对婷婷进行了司法精神病学鉴定，确认其表现符合抑郁症的诊断，对其认定为部分刑事责任能力。

　　2014年6月，某市人民检察院以故意杀人罪对婷婷提起了公诉，某市人民法院开庭审理后，以故意杀人罪判处婷婷有期徒刑3年，缓刑5年。宣判后，某市人民检察院以量刑过低为由向成都市中级人民法院提起抗诉。某市中院认为，婷婷采用捂口鼻的方式致被害人娟娟死亡的行为已构成故意杀人罪，依法应追究其刑事责任。但婷婷因特殊的起因和动机而对家庭成员实施犯罪，与其他严重危害社会治安秩序的故意杀人犯罪有着明显的区别；婷婷犯罪时患抑郁症，辨认和控制自己行为的能力较低，仅具备部分刑事责任能力；鉴于婷婷犯罪后投案自首，依法可以从轻或者减轻处罚。综合以上量刑情节，原审法院决定对其减轻处罚是符合我国法律规定的，因此二审法院维持了原判。

权利解析

　　所谓生命权是指人身不受伤害和杀害的权利，它是取得维持生命和健康的最低物质保障的权利。

　　生命是个人承担社会权利和义务的最基本的条件，拥有生命是个人作为社会人的最基本、最原始的权利。个人有权要求国家来保障生命不受非法剥夺，保障生命在受到各种威胁时能得到积极的维护。生命权是以自然人的性命维持和安全利益为内容的人格权。它包括人出生和死亡的权利；人免受非法伤害、获得安全保障的权利；人免受饥饿、维持生命的权利等三个方面。我们不得以各种理由剥夺别人的生命，任何人的生命都应得到法律的保障，触犯了法律就会受到法律的惩罚。如本案中，即使娟娟身患绝症，生活不能自理，婷婷也无权结束她的生命。

权利依据

《中华人民共和国民法通则》
第九十八条　公民享有生命健康权。

《中华人民共和国侵权责任法》

第二条 侵害民事权益，应当依照本法承担侵权责任。

本法所称民事权益，包括生命权、健康权、姓名权、名誉权、荣誉权、肖像权、隐私权、婚姻自主权、监护权、所有权、用益物权、担保物权、著作权、专利权、商标专用权、发现权、股权、继承权等人身、财产权益。

健 康 权
——法律保护公民的健康不受侵犯

案例背景

2013年4月，一个年仅5周岁的小女孩"阿朱"（化名）被诊断患有一种罕见的儿童性疾病——恶性神经母细胞瘤。这种病恶性程度高且扩散快，只能在采取大剂量的化疗控制病情的情况下，选择时机进行干细胞移植才有救治的希望。

但是，做手术就意味着要花钱，小阿朱家境本来就不富裕，父亲收入微薄，母亲又下岗了，这笔高额的医疗费用无疑是雪上加霜。2007年9月，当地媒体报道了阿朱的情况，呼吁社会各界对这个渴望生命、爱唱歌的小女孩奉献爱心。随后，许多企业、单位和个人积极捐款，最后小阿朱收到社会各界捐助的善款共计30多万元。

2014年3月，小阿朱在接受了1次手术、11次化疗以后，医生根据她的情况分析认为目前是最好的干细胞移植时机，手术费用约10万元。这时小阿朱的爷爷、奶奶和父亲认为小阿朱已经救不活了，再做手术也是浪费钱财，于是决定放弃治疗，且不愿交出社会各界捐助款的余款。而小阿朱的母亲则认为作为父母有责任为孩子治病，并且由他们掌管的社会捐助款还没有用，只要对孩子抱有一分的希望就应该付出百倍的努力，小阿朱的爸爸、爷爷、奶奶应该将捐款拿出来给小阿朱治病，而不能拿着捐款拒不交出。为了捍卫生命的权利，小阿朱和母亲将父亲、爷爷和奶奶告上了法庭，并请了法律援助中心的张律师帮助他们，为其提供法律援助。

法院审理认为，公民享有生命健康权，公民的生命健康权不得被非法剥夺。小阿朱虽然疾病缠身，但仍有治愈希望。且三被告占有社会捐助款，拒不拿出用于治疗，没有法律根据，其继续占有该款属不当得利。三被告应将社会捐助款用在原告的治病上，现原告继续治疗急需该笔款项，因此法院判决三被告及时将该款项交付给原告作为医疗费。

小阿朱讨回了治病款，案件结束了，但是庭审中小阿朱说给爷爷、奶奶和爸爸的话，却深深感动了每一个人："爸爸、爷爷、奶奶，求求你们了！救救我吧！求你们给我钱帮我治病，等我长大了，我要报答你们，给爷爷、奶奶洗脚，好好地孝敬你们……"可见，渴望生命，渴望健康，是每一个人作为人的一种本能追求，对于公民的健康权，我们要给予最基本的尊重。

权利解析

健康权，是指自然人依法享有的保持身体机能正常和维护健康利益的权利。身心健康是公民生存和进行正常民事活动的前提条件，也是公民作为民事主体所应享有的基本权利。不能因为一个人病入膏肓或者其他的任何原因而剥夺公民的生命健康，任何限制或者剥夺其他公民的生命健康的行为都会受到法律的制裁。当公民的生命健康受到他人的侵害的时候，公民可以拿起法律的武器，保护自己的合法权益。

```
┌─────────────────────────────┐
│         权利依据             │
└─────────────────────────────┘
```

《中华人民共和国民法通则》

第九十八条 公民享有生命健康权。

《中华人民共和国侵权责任法》

第二条 侵害民事权益，应当依照本法承担侵权责任。

本法所称民事权益，包括生命权、健康权、姓名权、名誉权、荣誉权、肖像权、隐私权、婚姻自主权、监护权、所有权、用益物权、担保物权、著作权、专利权、商标专用权、发现权、股权、继承权等人身、财产权益。

自 由 权
——依法受自己控制和支配

```
┌─────────────┐
│   案例背景   │
└─────────────┘
```

张某系广东省佛山市一普通市民，2014年9月20日晚上，张某到某商场购物。在商场三楼张某挑选了猪骨、鸡心枣和鸡蛋各1包，豆角1扎，于9时10分左右到收款台核价付款。商场的收款员收取100元后将付款小票交给张某。随后张某在三楼的出口处，将小票交给商场的防损员，由其在小票上加盖一个"多谢惠顾"的红色印章。

当张某准备搭乘电梯离开时，商场的1个女员工上前拦住她，要查看张某的电脑小票，其认为张某没有对全部商品付款，需要补钱。双方为此发生争执，商场的员工将张某带到防损部办公室，检查张某所购商品，认为其中豆角应为两小把捆成1扎，而张某的这扎豆角有3小把，就怀疑张某偷窃。张某表示不知为何会是3小把，但商场就是不放张某走。

张某见商场不放自己走，于是拨打110报警。警察到场处理后，商场管理人员表示这是一次误会，并向张某赔礼道歉。警察离去后，张某要求与其发生争执的两名员工向其赔礼道歉，但二人就是不认错。而张某回家后出现头晕、头痛、失眠、胸闷、情绪低落等症状，后被诊断为抑郁症。张某于是将该商场诉至法院。

法院审理认为：本案被告强行扣留原告，搜查原告携带的物品，侵犯了原告的人身自由权。人身自由权作为一项基本的人格权利，是指自然人的活动不受非法干涉、拘束或者妨碍的权利。本案中被告在没有证据证实原告偷窃了被告商品的情况下，阻拦原告搭乘电梯，将原告带往办公室，检查原告携带的物品，显然违反了原告的意志，构成了对原告人身自由权的侵犯，依法应承担侵权民事责任。因此法院判决：被告于判决发生法律效力之日起5日内向原告书面赔礼道歉，向原告赔偿医疗费500元及其他经济损失100元。

被告不服提起上诉，二审法院审理认为：本案中，张某已将其选购的商品全部交予商场的收款员核价付款，并携带已付款商品离开收银台。此时，双方间的商品买卖合同关系已告终结，但商场的员工怀疑张某盗窃了其商品，将准备离开的张某截回，并检查其所携带物品，明显违背了张某的真实意愿，属搜查及限制公民人身自由的违法行为，构成了对张某人身自由的侵害或妨碍。因此二审法院判决驳回上诉，维持原判。

权利解析

人身自由权也称身体自由权，它是公民的基本权利之一，指公民人身由

自己支配和控制，非经法定程序不受逮捕、拘禁、搜查和侵害的权利。人身自由权是公民享受其他一切自由的基础和前提，也是公民生存的最起码的权利。简单地说，就是公民有自由行动的权利，不受他人非法限制。人身自由权不仅包括动态的人身自由，也包括静态的人身自由。我国《宪法》规定公民享有人身自由权，任何人非经检察院批准或决定或者人民法院决定，并由公安机关执行，不受非法拘留、逮捕。超市以及各种商场等作为普通的企业法人，其没有国家公权力，更没有权利扣押顾客、检查顾客的私人物品。超市非法扣押顾客的行为，侵犯了顾客的人身自由权，由此造成损害的，应当承担赔偿责任。

需要注意的是，在现实中，侵犯人身自由权的表现形式通常有三种：一是非法限制公民行动，非法拘禁他人；二是利用被害人的羞耻、恐怖心理，妨碍其行动。如夺去入浴妇女的衣服，使其无法行动，构成侵害自由权；三是妨碍公路通行，妨碍对于私路有相邻权、地役权的权利人通行。凡遇到人身自由权受侵害的事实与行为的公民，都应当拿起法律武器维护自己的合法权益。

权利依据

《中华人民共和国宪法》

第三十七条 中华人民共和国公民的人身自由不受侵犯。

任何公民，非经人民检察院批准或者决定或者人民法院决定，并由公安机关执行，不受逮捕。

禁止非法拘禁和以其他方法非法剥夺或者限制公民的人身自由，禁止非法搜查公民的身体。

《中华人民共和国消费者权益保护法》

第二十七条 经营者不得对消费者进行侮辱、诽谤，不得搜查消费者的身体及其携带的物品，不得侵犯消费者的人身自由。

名 誉 权
——法律保护公民、法人的名望声誉

案例背景

马某系某市某派出所的民警。2013 年 5 月，马某在查处一起犯罪案件中，发现经常作案的惯犯黄二涉嫌此案，于是通报所里，对黄二实施了拘留逮捕。黄二的哥哥黄大找到马某，要求马某高抬贵手，放黄二一马，被马某严词拒绝。黄大很生气，就威胁马某说如果不答应自己的要求，他就等着瞧吧。

2013 年 10 月 8 日，黄大另一弟弟黄三因容留妇女卖淫被马某抓获，黄大一听气坏了，觉得马某是故意和他们老黄家过不去。于是黄大冲到该所领导办公室说马某对其敲诈索贿 3000 元并到其弟弟的旅馆嫖娼，然后又当着所领导及众多民警和联防队员的面对马某进行辱骂，并当场拨打"110"报警，说马某是公安败类，应该将他绳之以法。市公安局警务督察队为此对马某展开调查，当地各家报社也对此事进行了报道。

经市公安局警务督察队调查，黄大承认了他是因为马某抓了自己的两个弟弟，为了报复马某才诬告马某的。黄大因此受到治安拘留 15 天的处罚。马某则认为，黄大捏造事实诬告他，手段恶劣，情节严重，给他的名誉造成极坏的影响，尤其是自己身为警察，这种行为也给人民警察的形象造成了很恶劣的影响。于是马某诉至法院，请求判令黄某在当地报纸上登报公开赔礼道歉、恢复名誉、消除影响；赔偿其精神损害抚慰金1万元。

法院经审理认为，黄大因其弟弟涉嫌犯罪被查处而在派出所当众辱骂、诬告马某嫖娼、受贿，并拨打"110"电话举报马某，主观上存在损害他人名誉的故意，其行为已侵犯了马某的名誉权，后果严重，造成马某作为一名民警的社会评价降低，影响了马某正常的生活和执法工作，给马某带来较大的精神压力。黄大应对其过错行为承担相应的民事责任。

权利解析

所谓名誉权是指公民享有的良好社会评价不被他人非法剥夺的权利。名誉权主要包括两方面，一是维护自己良好名誉的权利，二是利用自己良好名誉为自己谋取利益的权利。我国法律规定公民享有名誉权，禁止任何人用侮辱、诽谤、泄露他人隐私的方式损害公民、法人的名誉，否则侵权人须承担相应的责任。本案中黄大捏造事实，侮辱马某，败坏马某作为一名人民警察的名声，使得马某承受了极大的精神痛苦，因此黄大应该承担赔偿责任。

对于侵犯公民名誉权的行为，侵权人要承担消除影响、恢复名誉、赔礼道歉等民事责任，造成公民精神损害的，还要赔偿精神损害赔偿金。人要在社会中生存，名声很重要，对公民名誉权的尊重实质也是对公民人格的尊重，因此任何人都有权利维护自己在社会中的良好名声，不受他人非法诬蔑、诽谤。

权利依据

《中华人民共和国民法通则》

第一百零一条 公民、法人享有名誉权，公民的人格尊严受法律保护，禁止用侮辱、诽谤等方式损害公民、法人的名誉。

《中华人民共和国侵权责任法》

第二条 侵害民事权益，应当依照本法承担侵权责任。

本法所称民事权益，包括生命权、健康权、姓名权、名誉权、荣誉权、肖像权、隐私权、婚姻自主权、监护权、所有权、用益物权、担保物权、著作权、专利权、商标专用权、发现权、股权、继承权等人身、财产权益。

《最高人民法院关于确定民事侵权精神损害赔偿责任若干问题的解释》

第八条第二款 因侵权致人精神损害，造成严重后果的，人民法院除判令侵权人承担停止侵害、恢复名誉、消除影响、赔礼道歉等民事责任外，可以根据受害人一方的请求判令其赔偿相应的精神损害抚慰金。

隐 私 权

——法律保护公民的隐私不受他人非法干涉

案例背景

王某（男）与姜某（女）于2012年结婚。后王某与其单位的某女有了婚外情，姜某非常痛苦，其在网络上注册了名为"北飞的候鸟"的个人博

客，并进行写作。在姜某自杀前两个月，姜某在博客中以日记形式记载了自杀前两个月的心路历程，将王某与案外某女的合影照片贴在博客中，认为2人有不正当两性关系，自己的婚姻很失败。

姜某在 2013 年 10 月 20 日第一次试图自杀前，将自己博客的密码告诉一名网友，并委托该网友在 12 小时后打开博客。2013 年 10 月 22 日姜某第二次跳楼自杀死亡后，姜某的网友将博客密码告诉了姜某的姐姐，其姐姐将姜某的博客打开，这就是王某的婚外情在网络上曝光的开始。

姜某死后，其大学同学张某于 2014 年 2 月 5 日注册了与姜某同名的非经营性网站，"北飞的候鸟"。张某还将该网站与天涯网、新浪网进行了链接。姜某的博客日记一时间被转发至不同网站上，姜某的死亡原因、王某的"婚外情"行为等情节引发众多网民的关注和评论。一些网民在参与评论的同时，在天涯网等网站上发起对王某的"人肉搜索"，王某的姓名、工作单位、家庭住址等详细个人信息逐渐被披露，王某在网上被"通缉""追杀"，并不断收到恐吓邮件，王某父母的住宅多次被人骚扰，门口两侧贴满诬陷恐吓标语，其工作单位也因被骚扰将王某辞退。2014 年 4 月 2 日，王某不堪重负，以侵犯名誉权为由将张某起诉至法院，要求赔偿 7.5 万元损失及 6 万元精神损害抚慰金。

法院审理后认为，虽然王某的婚外情违背了夫妻相互忠诚的义务，使姜某遭受极大痛苦，王某的行为应该受到谴责，但是王某的隐私应该受到尊重。张某明知在网站上披露王某婚外情的事实会引发一定的危害后果而故意为之，有侵犯隐私权的主观过错。同时张某在披露王某婚姻不忠行为的同时，披露了王某的姓名、工作单位名称、家庭住址等个人信息，导致网民对王某追踪谩骂，引发众多网民使用"人肉搜索"的网络搜索模式，不仅严重干扰了王某的正常生活，而且使王某的社会评价明显降低。据此，法院认定张某侵犯了王某的名誉权，判决张某于本判决生效后 7 日内停止对原告王某的侵害行为，并向王某赔礼道歉，支付王某精神损害抚慰金 5000 元。

权利解析

隐私权，是指公民享有的私人生活安宁与私人信息秘密依法受到保护，不被他人非法侵扰、知悉、收集、利用和公开的一种人格权，简单地说就是公民的私人生活不受非法干涉的权利。我国法律没有对隐私权进行规定，根据司法解释，我国在法律实践中，通常以保护名誉权的形式来保护个人的隐私权。

在实践中，侵犯公民隐私权的行为有非法泄露他人住址、电话号码，非法侵入他人住宅，安装摄像头偷拍他人私生活，非法跟踪他人，偷看他人信件，非法刺探他人财产状况及其他非法刺探并泄露他人私生活的行为。

本案中王某虽然违背夫妻忠诚义务，导致其妻子自杀身亡，在道德上应该受到谴责，但是王某作为公民应该享有的隐私权不应该被非法侵犯，张某披露王某隐私并导致"人肉搜索"的行为，属于侵犯王某隐私权的行为。对于侵犯公民隐私权的行为，侵权人除了要承担停止侵害、赔礼道歉等民事责任外，如果造成公民精神伤害的，还要赔偿精神损害赔偿金。

权利依据

《中华人民共和国侵权责任法》

第二条 侵害民事权益，应当依照本法承担侵权责任。

本法所称民事权益，包括生命权、健康权、姓名权、名誉权、荣誉权、肖像权、隐私权、婚姻自主权、监护权、所有权、用益物权、担保物权、著作权、专利权、商标专用权、发现权、股权、继承权等人身、财产权益。

《最高人民法院关于贯彻执行〈民法通则〉若干问题的意见（试行)》

140. 以书面、口头等形式宣扬他人的隐私，或者捏造事实公然丑化他人人格，以及用侮辱、诽谤等方式损害他人名誉，造成一定影响的，应当认定为侵害公民名誉权的行为。

姓 名 权
—— 公民依法享有自己的姓名不受他人侵害的权利

案例背景

赵 C 出生于 1991 年，其父亲用"赵 C"这个名字给其办理了户籍登记，2007 年赵 C 又用该名字申请了第一代身份证。20 年里，赵 C 一直用这个名字入学、考试、办理身份证、申请银行卡等。

但是在 2011 年 8 月，当赵 C 到鹰潭市月湖区公安分局江边派出所换发第二代身份证时，民警却告诉他，"赵 C"进不了公安部户籍网络程序，建议他改名字。2012 年 8 月 6 日，他向鹰潭市公安局提出申请，要求继续使用"赵 C"这个名字。2012 年 12 月 9 日，鹰潭市公安局作出批复，要求他改名。在多次沟通无果的情况下，赵 C 向鹰潭市月湖区法院提起行政诉讼，状告鹰潭市公安局月湖分局，以此捍卫自己的名字。

赵 C 认为，《居民身份证法》第四条规定："居民身份证使用规范汉文字和符合国家标准的数字符号填写。"因此自己的姓名符合规定。月湖区公安分局也给出法律依据——《公安部关于启用新的常住人口登记表和居民户口簿有关事项的通知》，根据这一文件，常住人口登记表和居民户口簿应使用国务院公布的简化汉字或者当地通用的本民族文字填写，而"赵 C"的名字显然不属于这个范畴。

2013年5月7日，月湖区法院作出判决，认为姓名权属于公民的人身权利，只要不违反法律、法规或规章的禁止性规定，就可以使用，因此判决赵C胜诉。一审法院宣判后，月湖区公安分局不服判决，向鹰潭市中级人民法院提出上诉。与此同时，江西省公安厅就该事件向国家公安部发了一份请示函，2014年公安部对江西省公安厅的请示专门作出答复：姓名登记项目使用汉字填写。

2014年3月20日下午，江西省鹰潭市中级法院对"赵C案"进行了二审，由于赵C的名字进不了公安部的户籍网络程序，如果赵C坚持用该名字，公安部就要重置网络程序。因此双方最终达成庭外和解协议，赵C同意更改名字，月湖区公安分局撤回上诉，并将协助赵C办理其他资料的变更。本案以和解结束。

权利解析

所谓公民姓名权是指公民依法享有的决定、变更、使用自己姓名，阻止他人盗用、冒用自己姓名的权利。姓名权包括三个方面的内容：一是姓名决定权，即自然人有决定自己姓名的权利，任何人不得干涉；二是姓名使用权，自然人对自己姓名有专有使用的权利，任何人不得盗用、冒用；三是姓名变更权，即自然人有按法律规定为自己变更姓名的权利，任何人不得阻止。

侵犯公民姓名权的行为表现主要有两种：一是干涉他人决定、使用、更改姓名，如禁止某人使用某个名字；二是盗用、冒用他人姓名，如冒用他人的名字出书。对于侵犯公民姓名权的行为，权利人可以要求侵权人停止侵害、排除妨碍、消除影响、赔礼道歉、赔偿损害等。

本案属于比较特殊的情况。一般说来，只要公民选择了自己的姓名，任何人都不得强迫公民改变该姓名，公民有权自己决定是否使用或改变该姓名。但由于本案中赵 C 的名字比较特殊，如果赵 C 继续使用该名字，公安部就要重置网络程序。幸运的是，双方最终达成了和解，赵 C 同意更改姓名。但这并不代表赵 C 没有姓名权，我们始终要记住的是，任何中华人民共和国公民都有姓名权，其有权禁止他人对自己的姓名干涉、盗用、冒用。

权利依据

《中华人民共和国民法通则》

第九十九条第一款　公民享有姓名权，有权决定、使用和依照规定改变自己的姓名，禁止他人干涉、盗用、冒用。

《中华人民共和国侵权责任法》

第二条　侵害民事权益，应当依照本法承担侵权责任。

本法所称民事权益，包括生命权、健康权、姓名权、名誉权、荣誉权、肖像权、隐私权、婚姻自主权、监护权、所有权、用益物权、担保物权、著作权、专利权、商标专用权、发现权、股权、继承权等人身、财产权益。

肖　像　权
——公民的肖像排斥他人侵害

案例背景

王某是某市某风景区的一名工作人员。在其工作期间，该风景区组织王某等员工拍摄旅游项目演示照片。风景区将王某的一组照片印制成宣传册，并将该宣传册发给了前来观光的游客，随后风景区又设立了一个巨型广告牌，将王某持枪的照片喷绘在广告牌上。王某对风景区的行为没有提出异议。

2014年，风景区在没有问过王某的情况下又将王某的照片提供给该市的旅游局，而旅游局在没有征得王某同意的情况下，将这些照片印制成了各种扑克牌作为纪念品发放给游客。王某得知此事后，一纸诉状将其所在的风景区和某市旅游局告上了法院，他认为，风景区和旅游局侵犯了其肖像权，要求两被告立即停止侵害，拆除、销毁含有王某肖像的广告牌、宣传册和扑克牌，并分别赔偿其经济损失2万元和5千元。

风景区答辩称，其给原告王某拍照是经其同意的，王某对于风景区设立的广告牌和散发的宣传册从未提出过异议，因此不同意对王某构成侵权的说法。旅游局也答辩称，旅游局制作的旅游风光扑克不以出售为目的，所以没有侵犯王某肖像权。

法院审理后认为，对于风景区使用王某照片用于经营的行为，王某未提出异议，这是对其肖像使用的默认，因此风景区的上述行为没有侵犯王某的肖像权。但是风景区又将王某照片提供给被告旅游局使用，风景区的行为和旅游局的行为都没有征得王某的同意，因此二被告的这种行为均构成了对原告王某肖像权的侵害，应承担民事责任。

据此，法院判决二被告停止使用原告王某肖像，书面赔礼道歉，各赔偿原告精神抚慰金5000元。

权利解析

肖像权，是指公民对自己的肖像享有利益并排斥他人侵害的权利。所谓肖像是指自然人包括面部在内的外部形象的再现，其必须固定在一定的物质载体上，能为人所支配，如照片、录像等。肖像作为公民的形象标志，与姓名一样是表明特定自然人的符号，反映特定自然人的形象特征，直接关系到自然人的人格尊严与社会评价，与自然人的人格不可分离。因此，公民有权决定是否在艺术作品中再现其形象，是否同意其他社会组织或个人使用其肖像。任何人在未征得肖像权人同意的情况下都不得以营利为目的，擅自使用肖像权人的肖像。我国法律也明文禁止以营利为目的使用公民肖像的行为。我国《民法通则》规定，"未经本人同意，不得以营利为目的使用公民的肖像"。《侵权责任法》规定，"侵害民事权益，应当依照本法承担侵权责任"。同时规定民事权益包括肖像权。

不得以营利为目的，擅自使用肖像权人的肖像的事例包括照相馆不得未经权利人同意悬挂其照片，各营利单位不得未经他人同意使用他人肖像做商业广告、商品装潢、书刊封面及印刷挂历等。对擅自使用公民肖像权的行为，公民有权要求侵害人停止侵害、赔礼道歉，造成损失的还应该赔偿损失。但是对于不以营利为目的使用公民肖像的行为，如为新闻媒体报道的需要使用公民肖像的行为则不侵犯公民的肖像权。

本案中该市风景区和该市旅游局未经王某同意，使用王某肖像为景区做宣传，其目的是为了增加景区的营业额，属于以营利为目的使用王某肖像的行为，因此侵犯了王某的肖像权。

权利依据

《中华人民共和国民法通则》

第一百条 公民享有肖像权，未经本人同意，不得以营利为目的使用公民的肖像。

《中华人民共和国侵权责任法》

第二条 侵害民事权益,应当依照本法承担侵权责任。

本法所称民事权益,包括生命权、健康权、姓名权、名誉权、荣誉权、肖像权、隐私权、婚姻自主权、监护权、所有权、用益物权、担保物权、著作权、专利权、商标专用权、发现权、股权、继承权等人身、财产权益。

《最高人民法院关于贯彻执行〈中华人民共和国民法通则〉若干问题的意见(试行)》

139. 以赢利为目的,未经公民同意利用其肖像做广告、商标、装饰橱窗等,应当认定为侵犯公民肖像权的行为。

继 承 权
——依法享有接受被继承人遗产的权利

案例背景

　　王某一直和大儿子王建一起生活,其他子女由于工作原因,并没与他一起居住。多年前,王某支付1万多元买下了现在这套住宅。王某生前立下书面遗嘱,称自己的房产由大儿子王建继承。由于这套住宅比较破旧,其他四个子女也都在外有房子,所以在王某生前也没对遗嘱产生异议。

　　2015年,老人过世后,刚好这套旧房子面临拆迁,政府给了30万元的住房安置款。这时其他四个子女认为价值近30万元的房产应当由兄妹五人共同平均继承。王建认为父亲遗嘱里把房子给了自己,因为房子而得的拆迁款当然应该由自己获得。其他四兄妹不服,遂诉至人民法院。法院审理认

为，根据《继承法》第五条的规定，遗嘱继承应该优于法定继承，所以房子归王建所有，由房子而得的 30 万元的拆迁款应该也归王建所有。

权利解析

继承权，是指依照法律的规定或者被继承人生前立下的合法有效的遗嘱，继承人享有接受被继承人遗产的权利。继承权作为公民的一项私法上的权利，受到法律的严格保护。凡公民死亡时遗留的个人合法财产均为遗产，全得由其继承人继承。继承人的继承权不得非法剥夺或限制，任何人都负有不得侵害的义务。

继承权的实现从被继承人死亡或宣告死亡时开始。根据我国《继承法》的规定，继承分为法定继承和遗嘱继承。法定继承是指在被继承人没有对其遗产的处理立有遗嘱的情况下，由法律直接规定继承人的范围、继承顺序、遗产分配的原则的一种继承形式。遗嘱继承是指按照立遗嘱人生前所留下的符合法律规定的合法遗嘱的内容要求，确定被继承人的继承人及各继承人应继承遗产的份额。在适用顺序上，遗嘱继承优先于法定继承，法定继承只是遗嘱继承的补充，只在没有遗嘱的情况下才适用。

具体到本案，根据《继承法》第五条的规定："继承开始后，按照法定继承办理；有遗嘱的，按照遗嘱继承或者遗赠办理；有遗赠扶养协议的，按照协议办理。"根据案例中的情况，王建可以要求按照遗嘱分得遗产，因此法院审理认为由房子拆迁而得到的 30 万元的拆迁款应该归王建所有的判决是正确的。继承发生纠纷，大都是在有一定血缘关系或拟制血缘关系的亲属中产生的。救济的解决方法，一是鼓励调解处理，提倡按照道德观念去理智地解决这些问题，凡是道德反对的一般也是法律不支持的；二是通过人民法院来进行裁决。

权利依据

《中华人民共和国继承法》

第五条　继承开始后，按照法定继承办理；有遗嘱的，按照遗嘱继承或者遗赠办理；有遗赠扶养协议的，按照协议办理。

第七条　继承人有下列行为之一的，丧失继承权：

（一）故意杀害被继承人的；

（二）为争夺遗产而杀害其他继承人的；

（三）遗弃被继承人的，或者虐待被继承人情节严重的；

（四）伪造、篡改或者销毁遗嘱，情节严重的。

第九条　继承权男女平等。

第十条　遗产按照下列顺序继承：

第一顺序：配偶、子女、父母。

第二顺序：兄弟姐妹、祖父母、外祖父母。

继承开始后，由第一顺序继承人继承，第二顺序继承人不继承。没有第一顺序继承人继承的，由第二顺序继承人继承。

本法所说的子女，包括婚生子女、非婚生子女、养子女和有扶养关系的继子女。

本法所说的父母，包括生父母、养父母和有扶养关系的继父母。

本法所说的兄弟姐妹，包括同父母的兄弟姐妹、同父异母或者同母异父的兄弟姐妹、养兄弟姐妹、有扶养关系的继兄弟姐妹。

第十三条第一款　同一顺序继承人继承遗产的份额，一般应当均等。

财产所有权

——物权中具有永久性和追及力的权利

2012 年，刘某以 33000 元的价格购得金杯面包车一辆。从 2013 年 5 月 23 日开始，刘某以月租金 3000 元的价格将该车出租给樊某使用。2013 年 6 月份后，刘某与樊某本人无法取得联系。后不知何故，车辆转到了陈某的手中。2013 年 7 月 6 日，陈某以 28000 元的价格将该车卖给了卢某，卢某与陈某订立购车协议时，陈某向卢某提供了车主为刘某的机动车行驶证，但是没有出示机动车登记证书，也没有出示刘某签署的出售车辆的委托书。在此情况下，卢某仍与陈某订立购车协议，购得该车，并始终没有办理车辆过户手续。

2014 年 10 月 26 日，刘某发现该车辆已由卢某占有、使用，与其交涉未果后，向法院提起了确认所有权的诉讼。一审法院认为，卢某系善意取得，遂驳回原告刘某的诉讼请求。

刘某不服一审判决，提起上诉。

二审法院认为：卢某取得该金杯面包车时不是基于善意。卢某是明知让与人陈某无处分权而仍受让该财产，属于故意侵犯他人所有权的行为。《二手车流通管理办法》第十五条第一款规定："二手车卖方应当拥有车辆的所有权或者处置权。二手车交易市场经营者和二手车经营主体应当确认卖方的身份证明，车辆的号牌、《机动车登记证书》、《机动车行驶证》，有效的机动车安全技术检验合格标志、车辆保险单、交纳税费凭证等。"本案中，卢某没有按照《二手车流通管理办法》规定的方式进行二手车交易，且在车辆转让时已明知车辆行驶登记证所登记的车主并非陈某，甚至连陈某的身份情况也一概不知，在此情况下仍与陈某进行了交易，显然不属于善意取得。因此二审法院撤销了一审法院的民事判决；判令卢某于判决生效之日起10日内将涉案车辆返还给刘某。

权利解析

所有权，是指财产所有人在法律规定的范围内对自己的财产享有的占有、使用、收益和处分的权利。所有权是物权中最重要也最完全的一种权利，具有绝对性、排他性、永续性三个特征，任何人都不得干涉所有人对其所有的财产的占有、使用、收益和处分。

所有权不同于其他一切物权，具有永久性和追及力。一般情况下，只要该物品还在，所有人对该物品的所有权就是存在的。如果所有人的财物被他人侵占，无论经过几人之手，辗转流于何处，所有人都可以取回其所有物。

根据《侵权责任法》第二条的规定，如果行为人侵犯他人的所有权，应当依法承担民事责任。但是也有一种所有人不能要回所有物的例外情况，那就是其物品被不知情的第三人以合理的价格购得。这种情况属于《物权法》中的"善意取得"制度，此时，所有人不能再要回该物，而只能请求非法处分人赔偿。本案中，购买人在购买时明知出卖人无处分权仍购买，因此不属于善意取得，所有权人有权追回自己的汽车。

权利依据

《中华人民共和国物权法》

第三十九条 所有权人对自己的不动产或者动产，依法享有占有、使用、收益和处分的权利。

第六十四条 私人对其合法的收入、房屋、生活用品、生产工具、原材料等不动产和动产享有所有权。

第六十六条 私人的合法财产受法律保护，禁止任何单位和个人侵占、哄抢、破坏。

《中华人民共和国侵权责任法》

第二条 侵害民事权益，应当依照本法承担侵权责任。

本法所称民事权益，包括生命权、健康权、姓名权、名誉权、荣誉权、肖像权、隐私权、婚姻自主权、监护权、所有权、用益物权、担保物权、著作权、专利权、商标专用权、发现权、股权、继承权等人身、财产权益。

第三节　消费权利

安　全　权
——保护消费者人身和财产不受侵害的权利

案例背景

2014 年 3 月 2 日，王某在市爱心市场水暖门市部购买了一台价格为 500 元的锅炉，并于当天在自己家里安装使用。3 月 26 日晚，他用火炉钩钩盖，准备加煤时，锅炉突然爆炸，将其当场炸昏。

等王某醒来后发现，满屋子都笼罩在水气和烟雾之中，炉子已经爆炸开了，并将其屋子的北墙炸了一个大洞，自己身体多处被炸伤。王某住院医疗花费了 1000 多元，修复屋子花费了 500 多元。康复后，王某找到该水暖门市部要求赔偿但是遭到了拒绝，王某无奈，于 4 月 5 日到某区消协投诉。

某区消协非常重视此案，立即找经营者水暖门市部进行了解调查，水暖门市部承认王某反映情况属实，但是不同意承担经济责任，认为自己只是销售者，锅炉不是自己造的，自己没有过错，因此无义务赔偿。

消协工作人员告诉水暖门市部，依据《消费者权益保护法》的规定，提供商品或服务的经营者应有保障消费者的安全的义务，如侵犯了消费者安全权，经营者应承担因此造成的经济损失，如果不属于经营者的过错，经营者在赔偿了损失之后可以找生产者追偿。在消协的说服和调解下，最终该水暖门市部赔偿了王某1500元的经济损失，同时又为王某更换了一台新的锅炉。

权利解析

安全权，是指消费者在购买、使用商品或接受服务时所享有的人身和财产安全不受侵害的权利。也就是说，商家提供的产品和服务不能存在安全问题，不能损害消费者的人身和财产安全，商家有义务确保消费者的人身、财产安全不受侵害。消费者的安全权受到损害后的赔偿既包括人身损害赔偿，也包括财产损害赔偿。消费者既可以找生产者要求赔偿，也可以找经营者要求赔偿。消费者可以到消费者协会去投诉，也可以直接起诉到法院要求赔偿。上述案例中，王某由于产品存在质量隐患，导致身体受伤、财产受损。因此对于王某的损失，生产者、经营者有义务赔偿。

权利依据

《中华人民共和国消费者权益保护法》

第七条 消费者在购买、使用商品或者接受服务时所享有人身、财产安全不受损害的权利。

消费者有权要求经营者提供的商品和服务，符合保障人身、财产安全的要求。

《中华人民共和国侵权责任法》

第三十七条第一款 宾馆、商场、银行、车站、娱乐场所等公共场所的管理人或者群众性活动的组织者，未尽到安全保障义务，造成他人损害的，应当承担侵权责任。

第四十三条第一款 因产品存在缺陷造成损害的，被侵权人可以向产品的生产者请求赔偿，也可以向产品的销售者请求赔偿。

消费知情权

——消费者知悉商品和服务真实情况的权利

案例背景

十一假期将近，某电视台全天滚动播出某品牌平板电脑的广告。苏强看到广告后觉得这种平板电脑很好，遂到附近的商场里买了一台，在使用的过程中，苏强发现此平板电脑的许多功能都达不到广告中所展示的效果。其功能更多的像已经被淘汰的此品牌某一系列的平板电脑。于是苏强找到专门人士对此平板电脑进行检查，结果发现其购买的正是淘汰产品的翻新品。苏强认为商家侵犯了自己的知情权，商家以翻新的产品当成新品卖，已经构成欺诈。于是，苏强据此拨打了 12315 电话进行了举报。不久，苏强获得了相应的赔偿，并如愿更换了一台自己所想购买的平板电脑。

权利解析

知情权，是指消费者在购买、使用商品或接受服务时所享有的知悉商品和服务真实情况的权利。消费者通常为了保证自己所购买的商品和服务的质量和用途，通常会向经营者咨询一些与该商品或服务有关的情况，经营者有义务据实告知消费者，不得隐瞒。我国《消费者权益保护法》第八条第一款规定："消费者享有知悉其购买、使用的商品或者接受的服务的真实情况权利。消费者有权根据商品或者服务的不同情况，要求经营者提供商品的价格、产地、生产者、用途、性能、规格、等级、主要成分、生产日期、有效期限、检验合格证明、使用方法说明书、售后服务，或者服务的内容、规格、费用等有关情况。"这是消费者知情权的法律保障和依据。

经营者故意隐瞒商品或服务的真实情况，给消费者造成损失的，消费者有权要求赔偿。存在欺诈行为的，还要依据《消费者权益保护法》第五十五条的规定，由经营者按照消费者的要求增加赔偿其受到的损失，增加赔偿的金额为消费者购买商品的价款或者接受服务的费用的 3 倍；增加赔偿的金额不足 500 元的，为 500 元。

上述案例中，商家将淘汰的产品翻新后重新拿出来卖，对于消费者来说，不仅侵犯了消费者的知情权，同时也是一种欺诈行为，应当根据《消费者权益保护法》第五十五条的规定赔偿消费者。苏强的做法是依法维权的表现，是值得鼓励和学习的。

权利依据

《中华人民共和国消费者权益保护法》

第八条 消费者享有知悉其购买、使用的商品或者接受的服务的真实情况权利。

消费者有权根据商品或者服务的不同情况，要求经营者提供商品的价格、产地、生产者、用途、性能、规格、等级、主要成分、生产日期、有效期限、检验合格证明、使用方法说明书、售后服务，或者服务的内容、规格、费用等有关情况。

第五十五条 经营者提供商品或者服务有欺诈行为的，应当按照消费者的要求增加赔偿其受到的损失，增加赔偿的金额为消费者购买商品的价款或者接受服务的费用的三倍；增加赔偿的金额不足五百元的，为五百元。法律另有规定的，依照其规定。

经营者明知商品或者服务存在缺陷，仍然向消费者提供，造成消费者或者其他受害人死亡或者健康严重损害的，受害人有权要求经营者依照本法第四十九条、第五十一条等法律规定赔偿损失，并有权要求所受损失二倍以下的惩罚性赔偿。

自主选择权

——消费者不受经营者任何干涉的权利

案例背景

2014 年 12 月，家住某市美满小区顶层的王女士下班回家，发现楼顶装了太阳能热水器。在她还没明白过来怎么回事之前，就有物业的人员上门收取太阳能热水器的费用 1500 元。同样遭此待遇的还有顶层的其他 11 户住户。王女士等住户认为物业强行给其安装太阳能侵犯了自己的权利，遂不交该费用。

后双方无法达成统一意见，该小区物业将王女士等人告上法院，请求其交纳热水器费用。王女士等人提起了反诉，请求拆除物业安装的太阳能。

法院经过审理查明，认为物业的行为违反了《消费者权益保护法》第九条规定——消费者享有自主选择商品或服务的权利。物业公司未经业主同意擅自为他们安装太阳能热水器，侵犯了消费者自主选择权，业主有权拒绝接受，并要求其拆除。因此判决驳回物业的诉讼请求，并判决物业于判决生效之日起 5 日内拆除违法安装的太阳能热水器，拆除费用由物业承担。

权利解析

消费者自主选择权，是指消费者根据自己的意愿自主地选择其购买的商品及接受服务的权利。简单说来，就是消费者有权自由选择到哪家店铺买东西，买什么东西，有权进行比较、鉴定，经营者不得以任何方式干涉消费者行使自主选择权。具体包括消费者有权自主选择生产者和经营者、自主选择商品种类和服务方式、有权决定买或不买某种商品、接受或不接受某种服务方式。

消费者的自主选择权是公民人权在消费领域的具体体现，买卖是依照个人自由意志来完成的，人的自由意志应当受到尊重，任何人都无权干涉，消费者有权按照自己的意志在法律规定的范围内，选择自己喜欢的商品和服务。如上述物业无权强行给小区业主安装太阳能，也无权收取费用。对于强买强卖的行为，消费者有权拒绝，也有权拿起法律武器维护自己的合法权益。

权利依据

《中华人民共和国消费者权益保护法》

第九条 消费者享有自主选择商品或者服务的权利。

消费者有权自主选择提供商品或者服务的经营者，自主选择商品品种或者服务方式，自主决定购买或者不购买任何一种商品、接受或者不接受任何一项服务。

消费者在自主选择商品或者服务时，有权进行比较、鉴别和挑选。

公平交易权
——防止经营者强买强卖的权利

案例背景

2015年1月3日，某市某小区的陈某下班后顺便到农贸市场一卖水果的摊位上买几斤香蕉。摊主让陈某挑选好香蕉后，往台秤上一放，说10斤2两，然后大方地说算你10斤算了，3元一斤，共30块钱。

陈某付款后即拿着香蕉回到家里。其妻子在家做饭，看到他买了香蕉，就说拿到家里的电子秤上称一称，看够不够秤，不够就去找他，那个地方的人卖东西经常不够秤。两人遂把香蕉放到自己家的秤上一称，只有7斤。

于是，二人找到摊主，要求补足斤两，摊主反赖说是二人将香蕉割下来一些藏到家里，现在又到他这儿找事。二人一听很是气愤，找到市场的工商管理人员请求处理。工商管理员怀疑秤有问题，遂对秤进行仔细检查，结果发现该秤的秤盘底下吸附着一块磁铁。于是工商管理员收缴了该摊主的台秤，让摊主赔偿了陈某的损失，并以违反公平交易原则为由，对摊主处以100元的罚款。

权利解析

公平交易权，是指消费者在与经营者进行的消费交易中享有获得公平交易条件的权利。公平交易是指经营者与消费者之间的交易应在平等的基础上达到公正的结果。也就是说，消费者在购买商品或接受服务时，消费者所付出的金钱要与其获得的商品或服务的质量价格相当。消费者的公平交易权不仅表现为一分钱，一分货，所付价款与商品、服务质量、数量相当，也表现为消费者在交易中有权不接受强买强卖。如果消费者的公平交易权受到侵害，消费者可以到消费者协会、工商局或法院寻求法律救济。上述案例中的消费者就是由于商品、服务的数量有问题，寻求法律救济，最终取得了满意的结果。

由此可见，消费者的公平交易权不容侵犯，花了一定的钱，就应该得到适当的商品或服务，这种适当不但应该体现在数量上也应该体现在质量上，即商家对消费者做出的承诺使得消费者相信其而购买了其商品或接受了其服务，商家就应该按照其承诺的数量、质量给消费者提供商品、服务，而不能只是说空话，却不办实事。

权利依据

《中华人民共和国消费者权益保护法》

第十条 消费者享有公平交易的权利。

消费者在购买商品或者接受服务时，有权获得质量保障、价格合理、计量正确等公平交易条件，有权拒绝经营者的强制交易行为。

消费求偿权

——消费者在消费过程中受损害可依法请求并获得赔偿的权利

案例背景

2014年12月4日，花季少女贾某与家人在某餐厅就餐时，餐桌上正在使用中的卡式炉烧气罐突然发生爆炸，将贾某手部、面部严重烧伤，致使贾某容貌被毁、手指变形，共花去治疗费用31554元。

后贾某向人民法院提起诉讼，要求燃气供应商北京气雾剂有限公司和灶具供应商龙口市厨房设备用具厂承担损害赔偿责任。两被告要赔偿贾某各种费用100多万元，并支付精神损害赔偿金65万元，共计高达1659551.63元。

法院受理该案后查明，贾某烧伤面部和手部，其容貌受到明显影响，劳动能力部分受限。经鉴定，气雾剂公司提供的燃气属于不合格产品，是造成事故的基本原因，承担70%的责任，灶具公司提供的灶具在连接部位存在漏气可能，存在危及人身、财产安全的不合理危险，因此也应对事故承担30%的责任。法院判决：二被告赔偿贾某包括精神损害赔偿金10万元在内的共计273257.83元的赔偿金。

权利解析

求偿权，是指消费者因为购买商品、使用商品或接受服务受到人身、财产损害的，有依法请求并获得赔偿的权利。也就是说，由于生产者或经营者提供的商品或服务质量有问题造成消费者人身、财产受到损害的，消费者有权利要求赔偿。这种赔偿既包括人身损害赔偿，也包括财产损害赔偿；既包括物质损害赔偿，也包括精神损害赔偿。案例中的贾某在事故发生时尚未成年，身心发育正常，烧伤造成的片状疤痕对其容貌产生了明显影响，并使之劳动能力部分受限，严重地妨碍了她的学习、生活和健康。除肉体痛苦外，无可置疑地给其精神造成了伴随终身的遗憾，因此必须给予抚慰与补偿。《侵权责任法》第二十二条对此也作了明确的规定。

生活中，由于生产者产品质量不合格或者经营者提供的商品和服务有瑕疵等，经常造成消费者人身、财产损害事实的发生。对于这种损害，消费者有权获得赔偿，而不论是精神损害还是物质损失。消费者应该勇敢地拿起法律武器维护自己的合法权益，这样不仅能从侧面监督生产者、经营者，还能避免悲剧的不断发生。

权利依据

《中华人民共和国消费者权益保护法》

第十一条 消费者因购买、使用商品或者接受服务受到人身、财产损害的，享有依法获得赔偿的权利。

《中华人民共和国侵权责任法》

第二十二条 侵害他人人身权益，造成他人严重精神损害的，被侵权人可以请求精神损害赔偿。

第五十四条 患者在诊疗活动中受到损害，医疗机构及其医务人员有过错的，由医疗机构承担赔偿责任。

人格尊严和民族习惯受尊重权

——消费过程中，民族习惯应该得到尊重

2013 年 4 月 22 日 23 时许，高某和原单位同事前往一家名为"THE DEN"的酒吧。高某于次日凌晨离开，想进去和朋友打个招呼，却被服务员挡在门外。同年 4 月 28 日，高某独身一人来到该酒吧，该酒吧的门卫陈某见其容貌丑陋，就将他拦在外面不让进去。高某觉得自己的人格尊严受到极大侮辱。

2013 年 7 月，高某向北京市朝阳区法院提起诉讼，认为酒吧工作人员的行为侵害了其人格尊严，给其造成极大的精神伤害，要求被告赔偿精神损失费 5 万元及经济损失 2847 元，并公开赔礼道歉。

法院审理认为，根据《消费者权益保护法》规定，消费者有自主选择服务的权利和人格尊严、民族风俗习惯得到尊重的权利。被告因高某"面容不好，怕进了店会影响生意"而拒之于门外的做法，实施了歧视性差别待遇，对原告是一种侮辱，使其内心受到伤害，侵害了其人格尊严，应承担相应的民事责任。法院遂判决被告向高某书面赔礼道歉，赔偿交通费、复印费、咨询费 403.5 元与精神损失费 4000 元。

权利解析

人格尊严和民族习惯受尊重权是指消费者在购买、使用商品或接受服务时其名誉权、荣誉权、个人隐私权和民族风俗习惯得到尊重的权利。任何人不得以任何借口损害消费者的人格尊严、个人隐私、荣誉、名誉等，不得嘲笑侮辱其民族风俗习惯。

消费者人格尊严、民族习惯受尊重权是消费者的一项重要权利。这其实是普通公民人格尊严在《消费者权益保护法》上的具体体现。消费者付出了金钱，就应该获得平等、公平的服务。任何人不得以消费者的社会地位、容貌、性格、民族风俗等原因对消费者歧视待遇，这也是《宪法》要求人人平等的一种价值体现。

权利依据

《中华人民共和国消费者权益保护法》

第十四条 消费者在购买、使用商品和接受服务时，享有人格尊严、民族风俗习惯得到尊重的权利，享有个人信息依法得到保护的权利。

第四节　知识产权

著　作　权
——作者在作品上署名的权利

案例背景

2011 年 10 月，王某应上海市 A 律师事务所邀请参与"上海律师事务所管理模式研究"的课题。随后，A 律师事务所与王某及其他人员一起对上海市部分律师事务所进行录音采访并根据录音制作采访笔录。

2011 年 12 月 5 日，王某将其对一些律师事务所的访谈笔录用电子邮件方式发送给 A 律师事务所。其后，王某将其在采访笔录基础上，通过个人分析与整理对各律师事务所所做的案例分析交给 A 律师事务所。

2012 年底，王某在书店看见一本《上海律师事务所管理模式研究》，发现该书封面上印有"史某、朱某著"，该书目录及内容上均未标注工某的独立署名。该书下篇案例篇中的案例 7、案例 8、案例 10 与王某所著的上述三个案例分析几乎完全一致。

2014 年 3 月，王某以 A 律师事务所侵犯其对《上海律师事务所管理模式研究》一书中案例 7、案例 8、案例 10 的案例分析的署名权为由将 A 律师事务所告上法庭。

权利解析

　　署名权，是指表明作者身份，即在作品上署名的权利。作者可以选择在作品上署真名，署假名，署笔名，也可以不署名，这些都是作者行使署名权的方式。其具体内容包括：

　　（1）决定是否在作品上署名，也称为署名或不署名的决定权。因为署名权是对公开其身份与作品关系的权利，所以可以选择公开其身份或不公开身份；

　　（2）决定署名的方式，如署真名、笔名。作者可以自由决定在作品上是署真名还是署假名，或者不署名；

　　（3）决定署名的顺序，主要指在数人作品中，姓名如何排列，一般由协商决定。排名顺序的不同，往往对作者影响也很大。就一般情况而言，排名靠前的往往能得到人们较高的评价。如有的单位在评定职称时，对合作作品，只承认排在首位的可以作为其著作成果来参评职称；

　　（4）禁止未参加创作的人在作品上署名，未参加创作的人不是作者，不可以在作品上署名；

　　（5）禁止他人假冒署名，即有权禁止他人盗用自己的姓名或笔名在他人作品上署名。

　　署名权作为一项基本的民事权利，是作者身份的象征，受到法律的保护。任何人都不能干涉作者的署名权，当署名权受到侵犯的时候，公民应该拿起法律武器维护自己的权益。

　　实践中，较为常见的侵犯署名权的行为有：

　　（1）非法使用他人作品且未署其名；

　　（2）新闻媒体在使用他人作品时将作品的作者错误报道；

　　（3）出版社出版作品时错误印刷作者的名字；

（4）在翻译作品上翻译者署名为作者而没有标注原作者之名；

（5）临摹他人作品而将临摹者署为作者，等等。

具体到本案来说，《上海律师事务所管理模式研究》一书之中的案例7、案例8以及案例10只是对王某所创作完成的案例分析做了一些文字性的删改，并没有构成新的独立的作品。事实上王某才是案例7，案例8以及案例10的作者，因此王某有权享有以上几个案例的署名权。A律师事务所没有在相关的案例上署上王某的姓名，是对王某署名权的侵犯。

根据《著作权法》的规定，王某可以采取以下方式来维护自己的署名权：王某可以和A律师事务所协商解决。王某也可以向人民法院起诉，要求A律师事务所承担停止侵权、消除影响、公开赔礼道歉、赔偿损失等民事责任。王某还可以要求著作权行政管理部门给予没收非法所得、罚款等行政处罚。

权利依据

《中华人民共和国著作权法》

第十条 著作权包括下列人身权和财产权：

……

（二）署名权，即表明作者身份，在作品上署名的权利；

……

《中华人民共和国侵权责任法》

第二条 侵害民事权益，应当依照本法承担侵权责任。

本法所称民事权益，包括生命权、健康权、姓名权、名誉权、荣誉权、肖像权、隐私权、婚姻自主权、监护权、所有权、用益物权、担保物权、著作权、专利权、商标专用权、发现权、股权、继承权等人身、财产权益。

作品的发表权

——作者可以自主决定是否将自己的作品发表

谢某在慈溪中兴网络信息广告有限公司所办的慈溪论坛上注册用户名"美好"发表文字作品，但总是被无故删除甚至被禁言。她的用户名也从"美好"变成"美好"后加 N 个"1"，直到现在的"美好11111"。

谢某注册用户名"美好11111"后，其发表的文字作品又被无故删除。谢某认为慈溪中兴网络信息广告有限公司所办的关注慈溪版无故删除其文字作品并禁止其继续发表文字作品，其行为严重侵害了她的发表权，因此向人民法院提起诉讼，要求主办公司慈溪中兴网络信息广告有限公司恢复其著作文字作品公开发表的权利，并承担赔礼道歉、恢复名誉等民事责任。

浙江省慈溪市人民法院对该案进行了审理。被告慈溪中兴网络信息广告有限公司在庭审中辩称，原告所发的帖子不符合该版面的主题，而且重复发表，故对其采取删帖和禁言的措施，这些措施符合慈溪论坛的相关规则。并且被告并未阻止原告公开发表，而是说不能在被告所办的论坛上发表，但原告仍然可以通过其他途径发表。综上，请求法院驳回原告诉讼请求。

法院经审理后认定原告在被告所开设的慈溪论坛注册用户名"美好"并多次发帖，其中一篇名为《论理篇：法和道德》的帖子主要阐述法与道德的关系，另一篇名为《看山东卫视天下故事之婚姻内外（上）（下）两集》的帖子则提供了山东卫视所播放的节目的链接。这两个帖子不符合被告注册论坛时的总规则和关注慈溪版的分规则规定。因此被告的行为并没有侵犯原告的发表权。

权利解析

著作权中的发表权就是权利人对作品的支配权。支配权的效力包括积极效力和排他效力两个层面，积极效力是直接对权利客体采取积极行为的权利，排他效力是指对于权利客体，可排斥他人非法干涉的效力。发表权作为一种支配权，同样具有这两方面的效力，权利人既有权决定作品发表与否，发表于何时、何处，以及以何种方式发表，也有权禁止他人擅自发表其作品或者非法干涉其发表作品。而权利人虽然有权决定作品发表与否，但不能由此推出权利人有权要求他人发表自己的作品。

在本案中，原告虽然对自己的作品享有发表权，但这种权利是原告对自身作品享有的权利，无权要求他人为作品的发表积极作为。换言之，被告不负有向原告提供网络信息存储空间的法定义务，而且，被告删帖和禁言的原因是原告的帖子不符版面主题且重复发帖，其行为违反论坛的相关规则，故被告对原告进行删帖和禁言的行为并未侵犯原告的发表权。

权利依据

《中华人民共和国著作权法》

第1条 著作权包括下列人身权和财产权：

（一）发表权，即决定作品是否公之于众的权利；

……

第四十七条 有下列侵权行为的，应当根据情况，承担停止侵害、消除影响、赔礼道歉、赔偿损失等民事责任：

（一）未经著作权人许可，发表其作品的；

……

修改权及保护作品完整权

——作者有权禁止他人对自己的作品非法篡改

案例背景

沈某是 A 书的作者。2013 年 11 月，沈某与某出版社签订了图书出版合同，双方约定：

1. 沈某将该书在国内外以图书形式出版发行的中文本专有使用权授予北京某出版社；

2. 为达到出版要求，经沈某同意，出版社可以对该作品进行修改。最后定稿由沈某签字认可。某出版社如需更动该作品的名称、标题，增加、删节图表、前言、后记、序言，应征得沈某书面同意。

合同签订后，出版社擅自对该书进行了多处修改。这些修改包括：标点符号的修改，文字上的修改和删节以及对图书内容和表现手法的修改，并且增加了很多新的内容。后来出版社未将出版前的最后定稿交付沈某进行书面确认，就出版了该书。2014 年 7 月，沈某在书店看到出版后的图书与自己的初稿有很大的差别，导致该书的风格与表现手法与其本来的风格和表现手法有了很大的不同，于是沈某将某出版社告上法庭。

权利解析

就修改权来说，它是作者修改自己的作品或者授权他人修改自己的作品的权利，它是从作品形式上对作品的保护。修改权主要包括两个方面：一方面，作者本人可以对自己的作品进行修改，也可以授权他人对自己的作品进行修改；另一方面，作者有权禁止他人随意对自己的作品进行修改。但是出版社对作品进行个别的文字上的修改和删节不需要经过作者的授权，这里所谓的文字上的修改和删节是指出版社对某些错误的文字和标点进行的修改。

保护作品完整权，是指保护作品不受歪曲、篡改的权利，对作品的歪曲和篡改不仅是对作品形式的改变也是对作品内容的更改，因此保护作品完整权是从作品内容上对作品的保护。

具体到本案来说，出版社未经沈某同意，对其作品进行了多处修改。这些修改可以分为这样几类：

第一，对作品中的错误文字和标点符号进行必要的修改；

第二，对作品表现手法的修改；

第三，对作品内容的更改。

根据我国《著作权法》的规定，作者享有作品的修改权和保护作品完整权，未经作者同意，任何人包括出版社不可以对作品的形式和内容进行修改，但是出版社对作品进行文字上的修改和删节不需要经过作者的同意。由此看来，出版社的上述修改行为第一项没有侵犯作者的修改权和保护作品完整权，但是第二项和第三项分别侵犯了作者的修改权和保护作品完整权。因此根据《著作权法》的规定，对该侵权行为，沈某可以选择与出版社协商的方式解决，也可以直接向人民法院起诉，请求法院判决出版社承担停止侵权、消除影响、赔礼道歉以及赔偿损失等民事责任。

权利依据

《中华人民共和国著作权法》

第十条　著作权包括下列人身权和财产权：

……

（三）修改权，即修改或者授权他人修改作品的权利；

（四）保护作品完整权，即保护作品不受歪曲、篡改的权利；

……

第四十七条　有下列侵权行为的，应当根据情况，承担停止侵害、消除影响、赔礼道歉、赔偿损失等民事责任：

……

（四）歪曲、篡改他人作品的；

……

《中华人民共和国侵权责任法》

第二条　侵害民事权益，应当依照本法承担侵权责任。

本法所称民事权益，包括生命权……著作权等人身、财产权益。

复　制　权

——作者自己复制以及允许或不允许他人复制其作品的权利

案例背景

A 公司于 2012 年 8 月创作完成了"佳节礼盒"和"生日礼盒"两幅美术作品。2013 年 9 月在版权局办理了"佳节礼盒"和"生日礼盒"该两幅美术作品的著作权登记。2013 年 10 月，A 公司大量生产"佳节礼盒"和"生日礼盒"，并在市场上进行销售，同时还在其互联网站上进行大范围的宣传。

2013 年 11 月，A 公司收到法院的一纸传票，B 公司以 A 公司生产的"佳节礼盒"和"生日礼盒"上的图案侵犯了 B 公司自行创作完成的"佳节礼盒"和"生日礼盒"图案的美术作品的著作权为由向法院提起了诉讼。

A 公司非常困惑：明明是自己创作了"佳节礼盒"和"生日礼盒"上的图案，还到版权机关进行了著作权登记，怎么会侵犯 B 公司的著作权呢？B 公司是不是"恶人先告状"呢？

2013 年 11 月 15 日，法院开庭审理了 A 公司和 B 公司就"佳节礼盒"和"生日礼盒"图案美术作品的著作权纠纷一案。法院经过审理查明了 A 公司自行创制完成"佳节礼盒"和"生日礼盒"这两幅美术作品，并且在版权局进行了登记。B 公司在 A 公司的商品投入市场后在相同的商品上使用同样的"佳节礼盒"和"生日礼盒"这两幅美术作品，并且不能提供证据证明这两幅美术作品是其自行创作完成，因此认定本案是 B 公司侵权。

权利解析

复制权又称重制权，是指以印刷、复印、录音、录像、翻录、翻拍等方式将作品制作成一份或多份的权利，是著作权财产权利中重要的一项权能。复制有广义、狭义之分。狭义的复制，乃指以印刷、照相、复写、影印、录音、录像或其他行为做成同一有形复制物之有形的复制，如将文书加以手抄、印刷、照相，将绘画、雕刻加以摹拓，将录音带、录像带加以翻版录制等等。广义的复制，还包括对著作加以若干改变，如将草图、图样做成美术作品与建筑物，音乐著作之录音，将小说改编成剧本、拍成电影，编辑数篇论文，本国文翻译成外国文，雕刻制成绘画，绘画制成照片或风景明信片，模型制成美术工艺品等等。

作者作为著作权人享有作品的复制权，可以以各种形式对作品进行复制，别人不能剥夺著作权的这一权利，他人未经著作权人同意对其作品采取以上任何一种形式的复制都是对复制权的侵犯。

本案的 B 公司没有经过 A 公司的合法授权，复制 A 公司的"佳节礼盒"和"生日礼盒"两种包装产品，侵犯了 A 公司的著作权。应当根据《著作权法》的规定，停止侵害、消除影响、赔礼道歉，还应赔偿由此给 A 公司带来的损失。

权利依据

《中华人民共和国著作权法》

第十条 著作权包括下列人身权和财产权：

……

（五）复制权，即以印刷、复印、拓印、录音、录像、翻录、翻拍等方式将作品制作一份或者多份的权利；

……

第四十七条 有下列侵权行为的，应当根据情况，承担停止侵害、消除影响、赔礼道歉、赔偿损失等民事责任：

（一）未经著作权人许可，发表其作品的；

（二）未经合作作者许可，将与他人合作创作的作品当作自己单独创作的作品发表的；

（三）没有参加创作，为谋取个人名利，在他人作品上署名的；

（四）歪曲、篡改他人作品的；

（五）剽窃他人作品的；

（六）未经著作权人许可，以展览、摄制电影和以类似摄制电影的方法使用作品，或者以改编、翻译、注释等方式使用作品的，本法另有规定的除外；

（七）使用他人作品，应当支付报酬而未支付的；

（八）未经电影作品和以类似摄制电影的方法创作的作品、计算机软件、录音录像制品的著作权人或者与著作权有关的权利人许可，出租其作品或者录音录像制品的，本法另有规定的除外；

（九）未经出版者许可，使用其出版的图书、期刊的版式设计的；

（十）未经表演者许可，从现场直播或者公开传送其现场表演，或者录制其表演的；

（十一）其他侵犯著作权以及与著作权有关的权益的行为。

《中华人民共和国侵权责任法》

第二条 侵害民事权益，应当依照本法承担侵权责任。

本法所称民事权益，包括生命权……著作权等人身、财产权益。

整 理 权

——对已有的零散材料进行整理，形成新的作品的权利

某日，因"新中国最大的古籍整理工程"——"二十四史"和"清史稿"修订，引发的著作权纠纷案件在某市东城区人民法院进行了公开审理。

庭审中，原告中华书局和被告东方音像电子出版社首先就原告是否享有"二十四史"和"清史稿"的点校本享有著作权产生了激烈的争论。

庭审中原、被告双方就这一问题提出了不同的主张：

原告认为：在1958年到1978年之间，其调集全国百余位文史专家，投入巨大成本对从《史记》到《明史》的二十四种纪传体正史（即"二十四史"）以及"清史稿"进行了全面的整理，并陆续出版。点校本"二十四史"和"清史稿"这一系列书籍的整理、出版、发行，被誉为"新中国最大的古籍整理工程"。根据《著作权法》的规定，对已有作品进行整理修订形成的作品是新的作品，作者享有著作权，因此中华书局作为法人作者享有点校本"二十四史"和"清史稿"的著作权。

被告认为：原告中华书局不享有点校本"二十四史"和"清史稿"的著作权。原因在于：

第一，"二十四史"和"清史稿"是国家的文化财产，原告不享有对这些作品进行整理和修订的权利；

第二，涉案的"二十四史"和"清史稿"是在计划经济条件下，由国家组织并投资完成的，原告中华书局在这一大工程的整理和修订过程中只起到了小部分的作用，因此不享有著作权，真正的著作权是国家。

法院查明后认为：

点校本"二十四史"和"清史稿"系原告对相关古籍进行整理而完成的，凝聚了古籍整理人员的创造性劳动，构成《著作权法》意义上的作品，应当受到《著作权法》的保护。

"二十四史"和"清史稿"的整理始于20世纪50年代，完成于70年代末，当时我国尚未制定《著作权法》，没有关于法人作品的规定，因此可以参照现行的《著作权法》关于法人作品的规定，确认中华书局作为文化部确定的古籍整理出版规划小组当时的办事机构和主要出版单位，"二十四史"和"清史稿"的整理工作体现了中华书局的意志且由中华书局对涉案古籍承担责任。原告中华书局享有点校本"二十四史"和"清史稿"的著作权。

权利解析

所谓整理权是指任何人都可以对内容零散、层次不清的已有作品或者材料进行选择整理，形成一部新的作品，但是整理他人受著作权保护的作品应当取得著作权人的同意。从定义当中我们可以知道整理包括两种形式：第一，整理的是没有形成著作权的一些材料；第二，整理的是已经形成著作权的作品。对这两种形式的整理法律效果是不同的。本案是第二种形式的整理。但是本案的特殊之处在于：本案涉案的"二十四史"和"清史稿"虽然已经构成作品，但是它们早已进入共有领域，任何人都可以对其进行整理和修改，不构成对原作者著作权的侵犯。但是现实中很多作品仍然受《著作权法》的保护，在整理这些作品的时候注意不要侵犯原作者的著作权。

权利依据

《中华人民共和国著作权法》

第四十七条 有下列侵权行为的，应当根据情况，承担停止侵害、消除影响、赔礼道歉、赔偿损失等民事责任：

……

（六）未经著作权人许可，以展览、摄制电影和以类似摄制电影的方法使用作品，或者以改编、翻译、注释等方式使用作品的，本法另有规定的除外；

……

《中华人民共和国侵权责任法》

第二条 侵害民事权益，应当依照本法承担侵权责任。

本法所称民事权益，包括生命权……著作权等人身、财产权益。

翻 译 权
——用不同语言表达作品内容的权利

案例背景

陶某是某大学的英语老师，凭借多年的海外游学经历以及独特的教学方式，他的英语教学深受学生的欢迎。后来陶某潜心研究，将自己的这套独特的教学方法编成了一套书籍《陶氏英语学习方法》，该书风靡大学校园，陶某声名鹊起。后来张某、王某未经陶某同意将该书分别翻译成日文、藏文，并出版发行。陶某知道后，要求张某和王某立即停止该书的销售，并赔偿自己的损失，张某和王某不同意。陶某无奈，将张某和王某告上法庭。

权利解析

　　翻译权是一种重要的著作财产权。翻译权包括各种文字的翻译权。作者授权他人翻译其作品，一般会限定翻译的语言种类。未经作者授权，他人不得随意将作品翻译成其他语种。即使著作权人转让了一种文字的翻译权，不等于也转让了其他文字的翻译权。如转让了俄文的翻译权，并不意味着英文的翻译权也转让给了他人。翻译者对其翻译的作品享有著作权，但其行使著作权时不得损害原作品作者的著作权，例如不得改编原作的内容。

　　他人未经原作者同意擅自将其作品翻译成其他语言形式，是对原作者翻译权的侵犯。原作者可以选择与侵权人协商解决问题，可以请求著作权管理机关处理，也可以向法院起诉请求侵权人承担相应的法律责任。我国《著作权法》规定，侵犯翻译权的侵权人要承担停止侵害、消除影响、赔礼道歉的责任，给他人造成损失的还要承担损害赔偿的责任。但是我国《著作权法》同时规定，将已经发表的汉族文字作品翻译成少数民族文字在国内出版发行，是对作品的合理使用，不侵犯作者的翻译权。

　　具体到本案来说，陶某是《陶氏英语学习方法》的作者，因此他拥有该书的翻译权，他人未经其同意将其汉语言作品翻译成其他语言形式的，是对其翻译权的侵犯。但是他人未经其同意将其汉语言作品翻译成少数民族语言文字出版发行的，是对其作品的合理使用，不侵犯其翻译权。在本案中，张某未经陶某同意将其作品翻译成日文，侵犯了陶某的翻译权，但是王某将其作品翻译成藏文，是少数民族语言文字，没有侵犯陶某的翻译权。

权利依据

《中华人民共和国著作权法》

第十条 著作权包括下列人身权和财产权：

......

（十五）翻译权，即将作品从一种语言文字转换成另一种语言文字的权利；

......

第四十七条 有下列侵权行为的，应当根据情况，承担停止侵害、消除影响、赔礼道歉、赔偿损失等民事责任：

......

（六）未经著作权人许可，以展览、摄制电影和以类似摄制电影的方法使用作品，或者以改编、翻译、注释等方式使用作品的，本法另有规定的除外；

......

汇 编 权
——筛选、汇总、编纂作品或其他数据材料的权利

案例背景

董某是山西省作家协会专业作家、中国赵树理研究会会长，多年从事赵

树理研究工作，著有《赵树理论考》等书。

某日，董某突然收到了山西省长治市赵树理文学研究会寄来的《独特的文艺风格——赵树理研究文集》一书，发现该书中竟收录有他所著的《"能说"：赵树理的一笔精神遗产》和《从〈对"太行"的批评和建议〉说到赵树理1937年夏的行踪》两篇文章。而在此之前，山西省长治市赵树理文学研究会对于将要收录发表上述两篇文章一事并没有向董某征求过任何意见。后董某以山西省长治市赵树理文学研究会侵犯他的汇编权为由将其告上法庭。

权利解析

汇编权是指将作品或者作品的片段通过选择或者编排，汇集成新作品的权利。著作权人有权自己汇编作品，也可授权他人汇编作品。

由于在汇编过程中，要对作品进行整理、加工、排列，需要付出大量的创造性的劳动，因而汇编人对汇编所形成的作品，即汇编作品享有著作权，汇编人可以是原作品的作者，也可以是原作者之外的人。

汇编包括这样几种形式：一是将原来不是作品的一些资料进行选择、编排、重新组合等形成新的作品；二是将他人作品或者作品的片段进行选择、编排、重新组合等形成新的作品；三是将一些不是作品的材料和他人的作品或者作品的片段经过选择和编排等形成新的作品。

对于利用不是作品的材料进行汇编只要不违反保密等规定，不需要经过他人的同意。但是如果是利用他人的作品进行汇编，则要经过原作者的同意，未经原作者的同意擅自利用他人的作品进行汇编，是对原作者汇编权的侵犯。

根据《著作权法》的规定，侵犯他人对作品的汇编权的要承担停止侵害、消除影响、赔礼道歉等责任，给他人造成损失的还要承担损害赔偿责任。

另外，我国《著作权法》规定，汇编权受到侵害的，原作者可以选择与侵权人协商的方式解决纠纷，也可以请求著作权管理部门处理，或者直接向法院起诉。

具体到本案，董某为《"能说"：赵树理的一笔精神遗产》和《从〈对"太行"的批评和建议〉说到赵树理1937年夏的行踪》两篇文章的著作权人，山西省长治市赵树理文学研究会未经原告许可，又无法律上的规定，擅自汇编董某作品，其行为构成侵权，其应承担停止侵害、公开赔礼道歉、消除影响的民事责任，给董某造成损失的还应该承担赔偿损失的民事责任。

权利依据

《中华人民共和国著作权法》

第十条　著作权包括下列人身权和财产权：

......

（十六）汇编权，即将作品或者作品的片段通过选择或者编排，汇集成新作品的权利；

......

第四十七条　有下列侵权行为的，应当根据情况，承担停止侵害、消除影响、赔礼道歉、赔偿损失等民事责任：

......

（六）未经著作权人许可，以展览、摄制电影和以类似摄制电影的方法使用作品，或者以改编、翻译、注释等方式使用作品的，本法另有规定的除外；

......

作品合理使用权

——合理使用作品的行为不属于侵犯著作权

案例背景

陈某是某大学的法律系的教授，在学术界有很高的声誉，他的授课方式深受学生的好评，因为陈某每一次在上课之前都会把下一节课要讲的知识点以及相关的著名作者的文章都打印下来，事先发给学生，让学生参考阅读，以便学生在课堂上可以更深刻地理解其讲授的内容。这样下来，陈某的学生不但很好地掌握了基本的知识点，而且阅读面不断地扩展。后陈某收到法院的传票，某作者控告陈某大量的复制了其享有著作权的作品，侵犯了他的著作权。

陈某在法庭审理过程中提出了著作权合理使用权进行抗辩，主张他虽然复制了原告的部分作品，在课堂上发给同学，但只是少量的复制了十几份，并且是用于课堂教学的需要，并没有用于商业用途，而且陈某在讲授这些作品的时候明确地指明了作品的作者，因此自己并没有侵犯原告的著作权，自己是合理使用原告的作品。

权利解析

作品的合理使用制度是对著作权的限制。著作权的限制，是针对著作权人所享有的财产权利的限制，即对著作权人依法享有的使用作品以及许可他

243

人使用其作品并因此获得报酬的权利的限制。著作权的限制主要体现为合理使用、法定许可和强制许可三个方面。合理使用是指在特定的条件下，法律允许他人自行使用享有著作权的作品而不必征得著作权人的同意，也不必向著作权人支付报酬的制度。

根据我国《著作权法》第二十二条关于合理使用的原则性规定，以合理使用为理由使用他人作品的，应当符合以下条件：（1）符合《著作权法》规定的特殊情形和适用条件；（2）虽可以不经著作权人许可，不向其支付报酬，但应当指明所使用的作品的作者姓名、作品名称，但是当事人另有约定或者由于作品使用方法的特性无法指明的除外；（3）不得侵犯著作权人依法享有的其他权利；（4）不得影响该作品的正常使用，也不得不合理地损害著作权人的合法权益。不能同时满足以上条件的，不构成对作品的合理使用。

本案争议的焦点就在于陈某复制他人作品并向学生提供的行为是否构成了对作者作品的发行。发行是指大量地向他人提供作品的原件和复印件并从中获利的行为，而根据《著作权法》的规定，为学校课堂教学或者科学研究，翻译或者少量复制已经发表的作品，供教学或者科研人员使用，属于合理使用，并不构成发行。这里应该注意的是：一是这里的少量不是指所用部分占整个作品的份额很少，而是整个作品被使用的比例；二是使用人和使用目的仅限于教学科研人员为了课堂教学和科学研究，不得出版发行；三是应当指明作者的姓名。

综上所述，本案中的陈某只是提供了十几份复印件，司法实践中，这种行为不构成对他人作品的发行，因此陈某的行为是对作品的合理使用行为，不构成侵权。

《中华人民共和国著作权法》

第二十二条 在下列情况下使用作品，可以不经著作权人许可，不向其支付报酬，但应当指明作者姓名、作品名称，并且不得侵犯著作权人依照本法享有的其他权利：

（一）为个人学习、研究或者欣赏，使用他人已经发表的作品；

（二）为介绍、评论某一作品或者说明某一问题，在作品中适当引用他人已经发表的作品；

（三）为报道时事新闻，在报纸、期刊、广播电台、电视台等媒体中不可避免地再现或引用已经发表的作品；

（四）报纸、期刊、广播电台、电视台等媒体刊登或者播放其他报纸、期刊、广播电台、电视台等媒体已经发表的关于政治、经济、宗教问题的时事性文章，但作者声明不许刊登、播放的除外；

（五）报纸、期刊、广播电台、电视台等媒体刊登或者播放在公众集会上发表的讲话，但作者声明不许刊登、播放的除外；

（六）为学校课堂教学或者科学研究，翻译或者少量复制已经发表的作品，供教学或者科研人员使用，但不得出版发行；

（七）国家机关为执行公务在合理范围内使用已经发表的作品；

（八）图书馆、档案馆、纪念馆、博物馆、美术馆等为陈列或者保存版本的需要，复制本馆收藏的作品；

（九）免费表演已经发表的作品，该表演未向公众收取费用也未向表演者支付报酬；

（十）对设置或者陈列在室外公共场所的艺术作品进行临摹、绘画、摄影、录像；

（十一）将中国公民、法人或者其他组织已经发表的以汉语言文字创作的作品翻译成少数民族语言文字作品在国内出版发行；

（十二）将已经发表的作品改成盲文出版。

前款规定适用于对出版者、表演者、录音录像制作者、广播电台、电视台的权利的限制。

信息网络传播权

——著作权人可以以有线或者无线方式传播自己的作品

案例背景

王某是歌曲《小船悠悠》的词曲作者和演唱者，该歌曲受到广大听众的喜爱。王某正准备将该歌曲的信息网络传播权转让给 A 公司时，却没有料到 B 公司在没有经过其同意的情况下，擅自将王某的歌曲上传到网络上供他人下载，并收取下载费。王某知道这一情况后主动与 B 公司交涉，并希望 B 公司能停止对其歌曲的网络传播行为，并赔偿其因此受到的损失。B 公司不予理睬，继续在网络上传播王某的作品。后王某将 B 公司告上法庭。

权利解析

信息网络传播权是指以有线方式或者无线方式向社会公众提供其作品，

使公众可以在其选定的时间和地点获得作品的权利。所谓有线方式包括有线电视台、有线广播台等，无线方式包括无线网络等。

作者和作品的表演者都享有作品的信息网络传播权。表演者是指表演作品的人，作者和表演者有权通过有线方式或者无线方式来传播自己的作品。例如作者可以将自己的音乐作品上传到网络上，使听众在自己选定的时间和地点，在线倾听或者下载后倾听。他人未经作者及表演者的同意擅自将作者的作品或者表演者的表演通过这样的方式传播就是对信息网络传播权的侵犯。

实践中侵犯信息网络传播权的主要方式包括以下几种：

（1）未经作品权利人许可，擅自在网络上发表其作品；

（2）未经合作作者许可，将与他人合作创作的作品当作自己单独创作的作品在网络上发表；

（3）歪曲、篡改他人作品后，在网络上传播；

（4）剽窃他人作品后在网络上传播；

（5）未经许可擅自以复制、展览、发行、放映、改编、翻译、注释、汇编、摄制电影和类似摄制电影等方式将作品用于网络传播；

（6）将他人作品用于网络传播，未按规定支付报酬；

（7）侵犯版权邻接权的行为；

（8）规避或者破坏保护作品版权的技术措施；

（9）破坏作品的权利管理信息。

侵犯信息网络传播权的方式虽然多种多样，并且侵权人在采用以上方式侵犯信息网络传播权的同时也可能同时侵犯著作权人的其他权利，但是总的来说，侵犯信息网络传播权的主要表现方式就是未经权利人同意的擅自传播行为，或者阻止权利人对其作品的合法传播行为。

本案中王某是歌曲《小船悠悠》的作者，同时也是《小船悠悠》的演唱者，即表演者。无论是作为作者还是作为表演者，王某都拥有这一作品的信息网络传播权。其可以将该权利转让给 A 公司，转让后 A 公司可以以有线或者无线方式传播王某的这一歌曲。B 公司未经 A 公司的同意，擅自在网络上将其作品上传到网络上供他人付费下载，其行为侵犯了王某对其歌曲的信息网络传播权。根据《著作权法》的规定，王某可以采取与 B 公司协商的方式解决这一问题，协商不成可以向法院起诉。王某也可以不经协商直接向法院起诉。

侵犯他人信息网络传播权的要承担停止侵害、消除影响、赔礼道歉等责任，造成损失的还要承担赔偿损失的责任。

权利依据

《中华人民共和国著作权法》

第十条 著作权包括下列人身权和财产权：

……

（十二）信息网络传播权，即以有线或者无线方式向公众提供作品，使公众可以在其个人选定的时间和地点获得作品的权利；

……

第四十八条 有下列侵权行为的，应当根据情况，承担停止侵害、消除影响、赔礼道歉、赔偿损失等民事责任；同时损害公共利益的，可以由著作权行政管理部门责令停止侵权行为，没收违法所得，没收、销毁侵权复制品，并可处以罚款；情节严重的，著作权行政管理部门还可以没收主要用于制作侵权复制品的材料、工具、设备等；构成犯罪的，依法追究刑事责任：

（一）未经著作权人许可，复制、发行、表演、放映、广播、汇编、通过信息网络向公众传播其作品的，本法另有规定的除外；

……

改　编　权

——著作权人可以对自己的作品进行改编

　　张某自行创作完成小说《那人那山那盆火》，该小说发表后大受欢迎。后来张某到某市出差，无意间看到某话剧团表演的话剧《山里那些事》与其小说《那人那山那盆火》如出一辙。后来张某经多方调查得知，该剧团工作人员王某将张某的小说《那人那山那盆火》改编成了话剧《山里那些事》，然后该剧团表演了该话剧。后张某将王某告上法庭。

　　改编权是指改编作品的权利，即改变原作品，创作出具有独创性的新作品的权利。改编是指以不同的表现形式再现作品的创作活动。改编应该是改编者的创造性劳动，不是简单地重复原作品的内容，而是在表现形式上有所创新，达到新的效果或新的创作目的。改编权可以由作者行使，也可以授权他人行使。改编主要包括两种情况：一是不改变作品原来类型而改编作品，如将长篇著作缩写为简本；二是在不改变作品基本内容的情况下将作品由一种类型改编成另一种类型，如将小说改编成剧本。

　　具体到本案来说，张某是小说《那人那山那盆火》的作者，因此张某享有对该作品的改编权，张某有权将这部小说进行改编，形成新的作品，例如将小说改编成剧本。同时作为著作权人，张某也可以将小说的改编权授权他人行使，或者将小说的改编权转让给他人。这都是张某作为著作权人的合法的权利。任何人在没有经过张某授权，也没有通过受让的方式获得小说改编权的情况下，都没有权利对其作品进行改编，否则就侵犯了张某对该部作品的改编权。在本案中，王某没有经过张某的同意擅自将其小说改编成剧本，是对张某改编权的侵犯。根据我国《著作权法》的规定，侵犯他人对作品的改编权的，要承担停止侵害、消除影响、赔礼道歉等民事责任，给他人造成损失的还要承担损害赔偿责任。因此本案中张某可以向法院起诉请求法院根据具体情况让王某承担以上责任。

另外，在实践当中，作者在将自己作品的改编权许可他人使用以获取许可费的时候还要注意以下问题，以避免纠纷的产生。

（一）著作权人在将其作品的改编等权利许可他人使用时，应该明确是将哪部作品的改编权许可他人使用；

（二）著作权人应该和被许可使用人就著作权使用费的具体数额进行明确的约定，否则发生纠纷后因举证困难造成著作权人的权利难以维护；

（三）著作权人应该有证据保留意识，在和对方当事人签订许可使用合同的时候，应该就相关的证据进行保留，以利于在诉讼中维护自己的合法权益。

权利依据

《中华人民共和国著作权法》

第十条 著作权包括下列人身权和财产权：

……

（十四）改编权，即改变作品，创作出具有独创性的新作品的权利；

……

第四十七条 有下列侵权行为的，应当根据情况，承担停止侵害、消除影响、赔礼道歉、赔偿损失等民事责任：

……

（六）未经著作权人许可，以展览、摄制电影和以类似摄制电影的方法使用作品，或者以改编、翻译、注释等方式使用作品的，本法另有规定的除外；

……

出 版 者 权

——出版者对其出版的作品依法享有的专有权

案例背景

王洋（笔名沧月）是《镜》系列包括《龙战》等在内的图书的作者。2014年6月25日，孙某与王洋签订《图书代理出版协议书》，根据该协议，孙某取得《镜》系列包括《龙战》等在内图书的专有出版权与独家发行权。双方在协议中约定，如果一方不按照协议的约定行使权利，履行义务，另一方可以单方解除合同。后来，由于孙某没有按照《图书代理出版协议书》出版图书，王洋向孙某发来解除合同的通知书，并将该图书的出版发行权授予某市人民出版社。某市人民出版社将该书出版发行。

孙某认为王洋解约没有经过他的同意，因此在系列图书的独家出版发行期内，他仍然享有该图书的独家出版发行权。某市人民出版社未经其同意

擅自出版图书《镜·龙战》，侵犯了其对该书享有的专有的出版权和发行权。于是孙某将某市人民出版社告上法庭。

权利解析

出版是指将作品编辑之后，以图书、报纸、杂志、电子出版物等形式复制，向公众发行。出版者是指出版图书、期刊的出版社、期刊社等。出版者可以享有的权利概括起来包括两个方面：一方面是依合同或约定而形成的由作品作者许可或有条件地转让或许可给出版者的部分版权（如改编权、汇编权、发行权等）；另一方面是出版者对其出版物所享有的专有权——出版者权。

出版者权主要包括以下几个方面：

（一）出版者对其出版物享有版式权（或称版本权、版样权），即指印刷字型和版面安排的专用权；

（二）出版者对其出版物的装帧设计，特别是封面、封底的设计享有专有权，符合条件的装帧设计还可以作为美术作品受到版权保护；

（三）出版者有以在其出版物上署名，表明是该出版物的出版者的权利。

另外，出版者凭借出版合同取得作品的出版权，在合同规定的出版期间，出版者可以禁止他人以与其同样的方式出版其享有专有出版权的作品。司法实践中侵犯出版权的方式主要是著作权的重复授权以及出版社的盗版行为。

具体到本案中，作者王洋将《镜·龙战》的专有出版权授权给孙某，在授权的有效期内，孙某享有该图书的独家出版权，任何人都不得出版该图书。但是根据双方约定，在任何一方违约的情况下，另一方可以单独解除合同。本案中，孙某单方违约，因此王洋可以解除合同，解除合同之后，孙某就不再享有对该图书的独家出版发行权。王洋在解除合同之后将该图书的出版发行权授予某市人民出版社，不构成重复授权，某市人民出版社合法取得该图书的出版发行权，没有侵权。但是，本案中，如果王洋在没有与孙某解除出版协议的情况下，又将该书的出版权授予某市人民出版社就是重复授权行为，某市人民出版社对该书的出版行为就侵犯了孙某的出版者权。

权利依据

《中华人民共和国著作权法》

第三十条　图书出版者出版图书应当和著作权人订立出版合同，并支付报酬。

第三十一条　图书出版者对著作权人交付出版的作品，按照合同约定享有的专有出版权受法律保护，他人不得出版该作品。

第四十八条　有下列侵权行为的，应当根据情况，承担停止侵害、消除影响、赔礼道歉、赔偿损失等民事责任；同时损害公共利益的，可以由著作权行政管理部门责令停止侵权行为，没收违法所得，没收、销毁侵权复制品，并可处以罚款；情节严重的，著作权行政管理部门还可以没收主要用于制作侵权复制品的材料、工具、设备等；构成犯罪的，依法追究刑事责任：

……

（二）出版他人享有专有出版权的图书的；

……

专 利 权

——发明人自己的发明申请专利被保护的权利

案例背景

刘某于2011年10月29日就"多层平台式展示架的锥度套筒制造方法"向国家专利局申请发明专利,国家专利局于2012年8月授予发明专利权,专利号为ZL971066809。

2015年2月刘某向广东省某市知识产权局提出,A公司采用其专利方法生产锥度套筒,侵犯其发明专利权。

广东省某市知识产权局听取双方当事人的意见,经合议组审理后认为,本专利的技术特征概括为:切割、焊接、冲压、导角,皆为必要技术特征;而被请求人的制造方法可概括为:切割、导角、冲压,比请求人的制造方法缺少"焊接"这一必要技术特征。因此被请求人的制造方法并未全部落入请求人专利的保护范围。请求人与被请求人由于采用的制造方法不同,其效率以本专业领域普通技术人员的眼光来看有显著的差异,即在同样长的时间内使用这两种不同方法制造锥度套筒,其产量和质量上的差异是明显的,因此,两种方法是不等效的。综上所述,合议组认为被请求人的行为不构成侵权。

权利解析

发明是指对产品、方法或者其改进所提出的新的技术方案。将前述发明申请专利，获得授权后，申请人就获得了发明专利权，专利权人可以禁止他人未经其同意就使用其发明的行为。依据我国法律的规定，他人未经发明专利权人许可，以生产经营为目的，制造、使用、许诺销售、销售、进口专利产品，或者使用其专利方法以及使用、许诺销售、销售、进口依照该专利方法直接获得的产品的，都是对专利权的侵犯。发明包括产品发明和方法发明。将产品发明或者方法发明申请专利，获得授权后申请人就获得了发明专利权。

在判定侵权行为是否成立的时候，关键掌握如下几个原则：一是当被控侵权物的技术特征与专利的必要技术特征完全相同，侵权成立；二是当被控侵权物的技术特征多于专利的必要技术特征时，侵权也成立；三是当被控侵权物的技术特征与专利的必要技术特征不同部分属于等同手段的置换，侵权也成立；这里的等同手段的置换，举个例子来说，虽然被控侵权物与专利的必要技术特征有差别，但是被控侵权物只是将专利产品中的螺栓置换成了螺钉，这种就是相同手段的等同置换；四是被控侵权物与专利相比，缺少了一个必要技术特征，不构成侵权。这里的技术特征，对于产品专利来说，是零部件以及零部件之间的关系，对于方法专利来说，是采取的步骤等。

本案属于上述的第四种情况，专利的技术特征概括为：切割、焊接、冲压、导角，皆为必要技术特征；而被请求人的制造方法可概括为：切割、导角、冲压，比请求人的制造方法缺少"焊接"这一必要技术特征，因此，不构成侵权。关于如何判断是否构成专利侵权，是一个相当专业的问题，在这里只是简单地提到了几个常用的判断原则。重要的是，专利权人在遇到专利侵权时，应该积极采取措施维护自己的权益。我国《专利法》规定，专利权人可以采取协商，请求专利管理部门处理，也可以向法院起诉的方式来维护自己的权益。

权利依据

《中华人民共和国专利法》

第十一条 发明和实用新型专利权被授予后，除本法另有规定的以外，任何单位或者个人未经专利权人许可，都不得实施其专利，即不得为生产经营目的制造、使用、许诺销售、销售、进口其专利产品，或者使用其专利方法以及使用、许诺销售、销售、进口依照该专利方法直接获得的产品。

外观设计专利权被授予后，任何单位或者个人未经专利权人许可，都不得实施其专利，即不得为生产经营目的制造、许诺销售、销售、进口其外观设计专利产品。

第六十条 未经专利权人许可，实施其专利，即侵犯其专利权，引起纠纷的，由当事人协商解决；不愿协商或者协商不成的，专利权人或者利害关系人可以向人民法院起诉，也可以请求管理专利工作的部门处理。管理专利工作的部门处理时，认定侵权行为成立的，可以责令侵权人立即停止侵权行为，当事人不服的，可以自收到处理通知之日起十五日内依照《中华人民共和国行政诉讼法》向人民法院起诉；侵权人期满不起诉又不停止侵权行为的，管理专利工作的部门可以申请人民法院强制执行。

进行处理的管理专利工作的部门应当事人的请求，可以就侵犯专利权的赔偿数额进行调解；调解不成的，当事人可以依照《中华人民共和国民事诉讼法》向人民法院起诉。

《中华人民共和国侵权责任法》

第二条 侵害民事权益，应当依照本法承担侵权责任。

本法所称民事权益，包括生命权……专利权等人身、财产权益。

请求保护权

——专利权受到侵害时，专利权人的救济权利

案例背景

2014 年 8 月 1 日，王某取得名称为"机场椅椅架"的外观设计专利权。2014 年 9 月，王某发现 A 市某家具公司生产的机场椅与其获得专利权的外观设计相似，遂主动与该公司的负责人联系，并要求该公司停止继续制造、销售其机场椅，同时承担该公司对其造成的财产损失。该公司不顾王某的请求，继续制造、销售机场椅。王某无奈将该公司告上法庭。

法院比较后认为：专利机场椅外观设计的要部在于扶手呈类似鹰嘴形，而被控侵权产品机场椅扶手呈 7 字形，两者存在明显区别，同时两者亦存在其他诸多不同，以一般消费者的眼光进行整体观察，被控侵权产品与涉案专利不相近似，未落入该专利的保护范围。因此法院判决驳回了王某的诉讼请求。

权利解析

请求保护权，是指专利权人在其所享有的专利权受到侵害时，请求制止侵害、获得补偿，并对侵权行为人给予必要制裁的权利。专利权人对专利侵权行为的救济手段一般包括自力救济、行政救济和司法救济三种，其中，行政救济主要是请求专利管理部门进行处理，司法救济是指在专利权受到侵害

时直接向人民法院提起民事诉讼。

外观设计是指对产品的形状、图案或者其结合，或者对产品的形状、图案、色彩及其结合所作出的富有美感并适于工业应用的新设计。将前述的外观设计申请专利，获得授权后就获得了外观设计专利权。

外观设计专利权主要内容是专利权人可以独占实施其外观设计。任何单位或者个人未经专利权人许可，都不得实施其专利，即不得为生产经营目的制造、许诺销售、销售、进口其外观设计专利产品，否则即构成侵权。

在实践当中，如何判定被控侵权产品是否侵犯了他人的外观设计专利权是一个重要的问题。首先应该明确外观设计的保护范围，外观设计专利权的保护范围以表示在图片或者照片上的产品的外观设计为准。因此法院在进行侵权判定时应该将被控侵权产品与专利权人专利申请文件中提供的照片或者图片中的外观设计进行比较。经过比较后，以普通消费者的眼光整体上看，如果是在同类产品上使用与他人相同或者相似的外观设计就构成侵权。

专利权人的外观设计专利权被他人侵犯后可以采取与侵权人协商的方式解决，也可以请求专利管理部门处理，对专利管理部门的处理决定不服的，可以向人民法院提起行政诉讼。专利权人也可以在专利权受到侵害时直接向人民法院提起民事诉讼。

权利依据

《中华人民共和国专利法》

第十一条 发明和实用新型专利权被授予后，除本法另有规定的以外，任何单位或者个人未经专利权人许可，都不得实施其专利，即不得为生产经营目的制造、使用、许诺销售、销售、进口其专利产品，或者使用其专利方法以及使用、许诺销售、销售、进口依照该专利方法直接获得的产品。

外观设计专利权被授予后，任何单位或者个人未经专利权人许可，都不得实施其专利，即不得为生产经营目的制造、许诺销售、销售、进口其外观设计专利产品。

第六十条　未经专利权人许可，实施其专利，即侵犯其专利权，引起纠纷的，由当事人协商解决；不愿协商或者协商不成的，专利权或者利害关系人可以向人民法院起诉，也可以请求管理专利工作的部门处理。管理专利工作的部门处理时，认定侵权行为成立的，可以责令侵权人立即停止侵权行为，当事人不服的，可以自受到处理通知之日起十五日内依照《中华人民共和国行政诉讼法》向人民法院起诉；侵权人期满不起诉又不停止侵权行为的，管理专利工作的部门可以申请人民法院强制执行。进行处理的管理专利工作的部门应当事人的请求，可以就侵犯专利权的赔偿数额进行调解；调解不成的，当事人可以依照《中华人民共和国民事诉讼法》向人民法院起诉。

专利转让权

——专利权人将其专利转让并获得报酬的权利

案例背景

熊某发明了一种不锈钢水槽多槽整体拉伸工艺，于 2011 年 9 月 18 日向

国家知识产权局申请了发明专利，并在 2013 年 5 月 31 日获得授权。

2014 年 5 月 28 日，熊某与总部位于中国北京的 A 公司签订了专利权转让合同，双方在合同中约定：熊某将专利转让给 A 公司，A 公司一次性付给熊某专利转让费 20 万元。合同签订后，没有去国务院专利行政部门进行转让登记。后来熊某又与 B 公司签订了专利权转让合同，将上述专利转让给 B 公司，转让费是 40 万元。合同签订后，立即到国务院专利行政部门进行了转让登记。登记后，B 公司就开始利用该专利工艺制造并销售专利产品。A 公司得知后将 B 公司告上法庭。

权利解析

发明作为专利权的一种，依法可以转让。专利权的转让，是指专利权人将自己享有的专利权出卖给他人，获得报酬的一种行为。专利转让的性质是专利权人发生变更，也就是说专利权的出卖人丧失专利权人资格，受让人则因此取得专利权人的资格。

专利权表现为专利权人对该专利的独占实施权。对方法专利来说，任何单位或个人未经专利权人许可，均不得实施其发明专利，即不得为生产经营目的使用其专利方法以及使用、许诺销售、销售、进口依照该专利方法直接获得的产品。

但是专利权究其实质还是一种财产权，只不过与一般财产权不同的是，它是一种无形财产权。作为一种财产权，专利权可以转让。转让专利申请权或者专利权的，当事人应当订立书面合同，并向国务院专利行政部门登记，由国务院专利行政部门予以公告。专利申请权或者专利权的转让自登记之日起生效。专利转让合同生效后，受让人就成为新的专利权人，可以独占实施该专利，同时也有权禁止他人未经其许可，以生产经营为目的的实施行为。

　　本案属于典型的一专利两卖的情况，其争议的焦点是 A 公司和 B 公司谁获得了转让后的专利权。根据《专利法》的规定，转让专利的，要订立书面转让合同，并且应该到国务院专利行政部门办理转让登记，转让行为自登记之日起生效。本案虽然 A 公司与熊某签订合同在先，但是双方并没有办理登记手续，因此专利权转让合同还没有生效，A 公司没有权利实施该专利。B 公司虽然与熊某签订合同在后，但是双方进行了登记，因此转让行为生效，所以 B 公司获得了专利权。B 公司有权独占实施该专利，B 公司的行为没有侵犯任何人的专利权。

　　本案给我们的启示是：在与专利权人签订专利权转让合同时，一定要到国务院专利行政部门进行登记以确保转让行为的有效。

权利依据

《中华人民共和国专利法》

　　第十条　专利申请权和专利权可以转让。

　　中国单位或者个人向外国人、外国企业或者外国其他组织转让专利申请权或者专利权的，应当依照有关法律、行政法规的规定办理手续。

　　转让专利申请权或者专利权的，当事人应当订立书面合同，并向国务院专利行政部门登记，由国务院专利行政部门予以公告。专利申请权或者专利权的转让自登记之日起生效。

许可实施权

——专利权人可以许可他人实施自己的专利并获得报酬的权利

案例背景

2013年，张某创造完成了"多功能喉镜"产品，并于次年8月获得该产品的实用新型专利权。2014年9月，张某与A公司就该实用新型专利签订了实施许可合同。双方在合同中约定该实施许可合同为普通许可实施合同，并约定实施许可的范围是在S市，许可实施的时间是3年，许可实施费是10万元。合同签订后A公司就在A市制造并销售该实用新型产品。实施一年来，A公司认为实施该专利不能为公司带来好的收益，于是A公司与B公司签订了专利实施许可合同，许可B公司在S市实施该专利。B公司在S市实施该专利后被张某告上法庭。

权利解析

许可实施权是指专利权人有权许可他人实施自己的专利。任何个人和单位实施他人专利的，应当与专利人订立书面实施许可合同，向专利人支付专利使用费。被许可人无权允许合同约定以外的任何单位和个人实施该专利。

专利实施许可合同包括三种类型：

（一）独占许可实施合同。签订独占许可实施合同后，被许可人对该专利享有独占实施的权利，任何单位和个人包括专利权人在许可使用期内都不可以实施该专利；

（二）排他许可实施合同。签订排他许可实施合同后，只有被许可人和专利权人可以实施该专利；

（三）普通许可实施合同。签订普通许可实施合同后，专利权人可以将专利再许可给另外的人实施。

无论是哪一种类型的许可实施合同，被许可人在许可实施期内都没有权利将该专利许可给第三人实施。

本案是普通许可实施合同，因此专利权人张某可以许可 A 公司以外的单位和个人实施该专利，但是 A 公司没有权利许可他人实施该专利。因此 B 公司没有合法地取得该专利的许可实施权，B 公司未经张某许可就实施其专利侵犯了张某的专利权。因此张某可以向法院提起诉讼。

权利依据

《中华人民共和国专利法》

第十二条 任何单位或者个人实施他人专利的，应当与专利权人订立书面实施许可合同，向专利权人支付专利使用费。被许可人无权允许合同规定以外的任何单位或者个人实施该专利。

第五节　诉讼权利

民事起诉权
—— 是公民寻求公权力救济的主要途径

株洲的佘某，从株洲坐广州至常德的 K510 次火车到长沙，补票时，补票员收了佘某 7 元的车票款，这 7 元中有 6 元是火车票价，1 元是手续费。事后，佘某对 6 元的票价产生疑问，于当年的 4 月 16 日打电话去咨询，结果，火车站方面回答说，从株洲至长沙的票价为 55 元，火车站方面多收了 5 元。为了表示歉意，多收的票款给予退还。然而，这次之后，佘某多次乘坐这一趟车，每次还是收 6 元的火车票价。

为了维护自己以及其他旅客的权益。佘某向长沙市铁路法院提起诉讼，该诉讼的被告是广州铁路（集团）公司客运公司，诉讼请求是要求广州铁路（集团）公司客运公司返还三次多收的补票款 15 元，并在湘粤两省主要新闻媒体向其赔礼道歉，同时另行赔偿其精神损失人民币 2 万元。

长沙市铁路法院在收到佘某递交的起诉书后，认真审查了其诉讼请求，广铁集团客运公司先后多次派员专程到株洲和佘某联系，对其监督行为表示感谢，并对该次列车多收票款行为进行整顿，将多收的票款退还，但佘某坚持通过法律解决。

　　长沙铁路运输法院认为：佘某与广州铁路（集团）公司客运公司的权益纠纷业已协商解决，裁定对其起诉不予受理。因不服长铁法院民事裁定，佘某向广州铁路运输中级法院上诉。广州铁路运输中级法院认为，佘某的起诉符合法律规定，法院应当受理。

权利解析

　　起诉权是指当自然人之间、法人之间或他们相互之间的民事权益发生争议或出现不稳定状态时，一方享有的向法院起诉，请求法院依法裁决的权利。根据《民事诉讼法》的规定，公民起诉有形式要件和实质要件两个方面的要求。所谓形式要件是指，起诉应当向人民法院递交起诉状，并按照被告人数提出副本。书写起诉状确有困难的，可以口头起诉，由人民法院记入笔录，并告知对方当事人。起诉状应当记明下列事项：（1）原告的姓名、性别、年龄、民族、职业、工作单位、住所、联系方式，法人或者其他组织的名称、住所和法定代表人或者主要负责人的姓名、职务、联系方式；（2）被告的姓名、性别、工作单位、住所等信息，法人或者其他组织的名称、住所等信息；（3）诉讼请求和所根据的事实与理由；（4）证据和证据来源，证人姓名和住所。而当事人提起诉讼的实质要件是：（1）原告是与本案有直接利害关系的公民、法人和其他组织；（2）有明确的被告；（3）有具体的诉讼请求和事实、理由；（4）属于人民法院受理民事诉讼的范围和受诉人民法院管辖。

　　本案中，佘某因为火车售票处多收其15元的车费而将广州铁路（集团）公司客运公司告上法庭，虽然诉讼涉及的只是多收的15元钱，但是佘某提起诉讼，符合《民事诉讼法》关于起诉应该符合的各项条件，法院应当受理。

在倡导法治的时代，起诉权是任何个人、组织享有的一种神圣权利，不能随意遭受剥夺或者限制。什么样的案子该受理，《民事诉讼法》有明确的规定。只要满足受理条件，法院就应该受理，否则就是侵犯了公民的诉讼权利。法院不能以有些矛盾可以通过非诉讼的途径解决为由而禁止个人或者组织提起诉讼。

权利依据

《中华人民共和国民事诉讼法》

第一百一十九条 起诉必须符合下列条件：

（一）原告是与本案有直接利害关系的公民、法人和其他组织；

（二）有明确的被告；

（三）有具体的诉讼请求和事实、理由；

（四）属于人民法院受理民事诉讼的范围和受诉人民法院管辖。

第一百二十三条 人民法院应当保障当事人依照法律规定享有的起诉权利。对符合本法第一百一十九条的起诉，必须受理。符合起诉条件的，应当在七日内立案，并通知当事人；不符合起诉条件的，应当在七日内作出裁定书，不予受理；原告对裁定不服的，可以提起上诉。

民事撤诉权

——当事人在判决前撤回诉讼请求的权利

案例背景

2011 年，李某经朋友介绍认识了王某并于一年后结婚。女儿降生以后，王某把心思放在打牌上，并没有做到一个父亲的责任。刚开始还只是小赌，后来还越赌越大。李某和王某曾经因为赌博而吵架，甚至还动武。

为了逃避家庭的责任，王某和家乡人一起到上海打工，对家里面发生的事情不闻不问。李某一个人在家，承担着抚养女儿和赡养父母的双重责任。而丈夫却连家都不愿回。为了能见上丈夫一面，李某向溆浦县人民法院提交了要求与丈夫王某离婚的民事起诉状。王某接到法院传票后，急忙动身赶回家中。

面对回来应诉的丈夫，李某对离婚的事只字不提。她向丈夫讲出了这次起诉的原委，诉说自己在家的艰辛。听到妻子的讲述，王某认识到自己没有尽到一个为人夫、为人父、为人子的责任，下决心回到家里，戒掉赌瘾。面对丈夫的悔悟，妻子李某原谅了丈夫，向法院提起了撤诉的请求。那么李某起诉后，还可以撤回起诉吗？

权利解析

所谓的撤诉是指当事人在民事诉讼过程中向法院请求撤回自己的诉讼请

求。撤回起诉是当事人对自己诉讼权利的一种处分行为，但是当事人申请撤诉，还应该符合一定的条件：

（1）申请人必须是原告、上诉人及其法定代理人，以及原告特别授权的诉讼代理人；

（2）撤诉必须是原告自愿；

（3）撤诉必须合法。一是有权申请者；二是在宣判之前提出；三是实体上不得有规避法律的行为，不能违反现行法律、法规和政策的规定，不得有损于国家、集体和他人的利益；

（4）必须撤销全部诉讼请求；

（5）必须在法院宣判之前提出；

（6）必须经人民法院作出裁定。

在本案中，李某提起诉讼的原因主要是想见到丈夫王某，另一方面也是希望通过起诉的方式能够让王某认识到自己的错误。而通过李某的诉，王某认识到了自己所犯的错误，并且向法院表示自己也愿意改正错误做一个好丈夫、好父亲、好儿子。更重要的是作为受委屈最多的妻子李某也原谅了丈夫王某过去所犯的错误。在这样的情况下，为了家庭的团结和睦，李某向法院提出了撤回起诉的请求，法院应该予以准许。

权利依据

《中华人民共和国民事诉讼法》

第一百四十五条 宣判前，原告申请撤诉的，是否准许，由人民法院裁定。

人民法院裁定不准许撤诉的，原告经传票传唤，无正当理由拒不到庭的，可以缺席判决。

第一百七十三条 第二审人民法院判决宣告前，上诉人申请撤回上诉的，是否准许，由第二审人民法院裁定。

民事上诉权

——当事人不服一审判决的，可以提起上诉

案例背景

张某和李某因为停车位的事情而发生争执，在争吵的过程中，张某推了李某一下，导致李某摔倒，造成左腿骨折。李某向当地法院提起诉讼，要求张某赔偿他3000元的损失。一审法院经审理最终判决张某赔偿李某2000元，李某认为法院判决赔偿得太少，对于不服该一审法院作出的判决，他应该怎么办呢？

权利解析

民事上诉权是指享有法定上诉权的人对一审法院作出的还没有生效的裁定和判决，享有请求上级人民法院再次审判，变更或撤销一审法院裁定、判决的权利。根据《民事诉讼法》的规定，当事人提起上诉必须具备下列条件：

（1）上诉人和被上诉人必须是第一审判决、裁定所指向的当事人，包括原告、被告、共同诉讼人、诉讼代表人、有独立请求权的第三人以及判决承

担民事责任的无独立请求权的第三人；

（2）当事人提起上诉的判决、裁定必须是法律规定允许上诉的第一审判决、裁定；

（3）上诉必须在法定期间内提出。当事人不服地方人民法院第一审判决的，应在判决书送达之日起 15 日内向上一级人民法院提起上诉。当事人不服地方人民法院第一审裁定的，应裁定书送达之日起 10 日内向上一级人民法院提起上诉；

（4）上诉必须提交上诉状。

具体到本案中，虽然一审法院已经作出了判决，但该判决还不是终审判决，还有 15 天的上诉期，过了上诉期，如果当事人不提起上诉的话，判决便发生法律效力。如果李某对一审判决不服，则应该在收到判决书之日起 15 日内向上一级法院提起上诉，超过此期限，则一审法院的判决发生效力，李某将不得上诉。

权利依据

《中华人民共和国民事诉讼法》

第一百六十四条　当事人不服地方人民法院第一审判决的，有权在判决书送达之日起十五日内向上一级人民法院提起上诉。

当事人不服地方人民法院第一审裁定的，有权在裁定书送达之日起十日内向上一级人民法院提起上诉。

第一百七十三条　第二审人民法院判决宣告前，上诉人申请撤回上诉的，是否准许，由第二审人民法院裁定。

民事申请执行撤销权

——执行申请人主动撤回执行申请的权利

案例背景

韩某因为黄某的不当得利而将黄某告上法庭，法院经过开庭审理，依法作出了黄某应返还 10000 元及相应利息给韩某的判决。而在法院规定的履行期限内，黄某没有履行法院的判决，在此情况下，韩某申请法院强制执行。根据韩某的请求，法院于 2011 年 11 月 20 日立案执行，同时向被执行人黄某发出了限期执行通知书，责令被执行人黄某在 2011 年 12 月 4 日前履行清偿义务，但被执行人黄某没有在限期内履行。

法院于 2012 年 2 月 13 日依法向银行、房管、车管部门查询及调查被执行人名下的银行存款及其他财产情况，经查被执行人黄某没有可供执行的财产。法院于 2012 年 3 月 27 日依法到被执行人居住的居委会进行调查，了解被执行人早就不在家居住，当法庭执行人员与社区民警一起去黄某的住所时，还是没有看见被执行人黄某，黄某的房门紧锁。法院将具体的执行情况告知韩某。而韩某向法院表示无法提供被执行人的下落及其他可供执行的财产线索，并表示撤销执行。

权利解析

所谓的执行撤销权是指在民事执行程序中，申请人主动提出撤回执行申请的权利。根据法律的规定，民事申请执行撤销权行使的条件为：

（1）在民事诉讼进行的过程中；

（2）申请的主体为申请人；

（3）必须是出于申请人的自愿。

对于申请人撤销的申请，最终是否撤销，由法院考察实际情况作出最后裁定。法院裁定撤销之后，法院执行终结。

具体在本案中，在找不到被执行人黄某的情况下，申请执行人韩某自愿主动提出了撤销的申请，法院经过审查确认，可以作出终结执行的裁定。

权利依据

《中华人民共和国民事诉讼法》

第二百五十七条 有下列情形之一的，人民法院应当裁定终结执行：

（一）申请人撤销申请的；

（二）据以执行的法律文书被撤销的；

（三）作为被执行人的公民死亡，无遗产可供执行，又无义务承担人的；

（四）追索赡养费、抚养费、抚育费案件的权利人死亡的；

（五）作为被执行人的公民因生活困难无力偿还借款，无收入来源，又丧失劳动能力的；

（六）人民法院认为应当终结执行的其他情形。

民事执行异议权

——在执行过程中，利害关系人可以向法院就执行提出异议

案例背景

在梁某诉王某借款合同纠纷一案过程中，某市中级人民法院根据申请执行人梁某的申请，于2011年8月20日查封了被执行人王某位于某市南海区的三处房产。

2011年10月20日，根据该市中级人民法院作出的民事判决，王某应于判决生效之日起10日内偿还梁某借款50万元及利息，逾期履行则按照中国人民银行同期贷款利率加倍支付迟延履行期间的债务利息。因王某未按生效法律文书规定的期限履行还款的义务，梁某于2012年9月3日向该市中级人民法院申请执行，该市中级人民法院于2012年9月6日立案执行。在执行过程中，该市中级人民法院对上述查封房产进行评估并打算拍卖。

在拍卖公告公布的第3天，唐某向该中级人民法院提出了异议，唐某称：唐某分别于2008年10月、2009年2月和2010年4月向被执行人王某（及其共有人）承租被法院查封的三处房产中的两处，并付清租金。唐某还投入资金对承租的房子进行了装修，装修完之后，在征得王某的同意下，唐某又将房子出租给他人。因此，唐某对承租的房产拥有物的权利，请求法院停止拍卖。

法院受理唐某的申请后，经过审查认为：从房屋产权登记资料看，上述查封房产所有权人为被执行人王某，异议申请人也承认该财产为被执行人王某所有，故法院拟拍卖上述房产并没有违反法律规定。至于异议申请人唐某

提供上述证据认为其与被执行人王某存在租赁关系，若这些证据是真实的，唐某仅对租赁物享有租赁权，但不能阻止拍卖，其请求停止拍卖无理，法院不予支持。

权利解析

所谓的执行异议是指在法院判决生效后的执行过程中，案件的第三人对执行的标的提出不同意见，主张独立的实体权利。根据《民事诉讼法》和相关司法解释规定，提出执行异议必须符合三个条件：

（1）有权提出执行异议的主体必须是案外人，而不能是当事人。在执行中，执行申请人和被申请执行人也可能会对法院执行有不同意见，但这不是执行异议。如果执行申请人和被申请执行人认为执行根据确有错误，可以向执行人员反映，通过审判监督程序予以解决；

（2）必须是案外人对执行标的主张自己的权利。如果案外人仅仅是对法院的执行工作提出自己的意见或者建议，这不是执行异议；

（3）执行异议必须在执行程序结束之前提出，如果执行程序已经结束，案外人再提异议的，则属于新的争议，应通过新的诉讼程序解决，而不能作为执行异议处理。

具体在本案中，梁某属于案外人，梁某认为自己对房子进行了装修并将房子出租出去，因此，其对该房子享有一定的权利。但是梁某只是承租人，并不是所有人，其对房子并没有所有权，房子的所有权人为王某。因此梁某作为出租人对执行提出的异议，得不到法院的支持。

执行异议是案外人的法定诉讼权利，但是执行异议权的行使必须符合相应的法律规范，否则将得不到法院的支持。

权利依据

《中华人民共和国民事诉讼法》

第二百二十七条　执行过程中，案外人对执行标的提出书面异议的，人民法院应当在收到书面异议之日起十五日内审查，理由成立的，裁定中止对该标的的执行；理由不成立的，裁定驳回。案外人、当事人对裁定不服，认为原判决、裁定错误的，依照审判监督程序办理；与原判决、裁定无关的，可以自裁定送达之日起十五日内向人民法院提起诉讼。

行政诉讼的起诉权

——行政相对人就行政行为提起诉讼的权利

案例背景

某市公安局以王某殴打李某为由，依据《治安管理处罚法》第四十三条之规定，作出了行政拘留王某10日的行政处罚决定。王某不服，向郑州市公安局申请行政复议，郑州市公安局复议后维持了被告某市公安局的行政处罚决定。王某仍不服，向某市人民法院提起行政诉讼，称被告某市公安局对其作出的行政处罚不仅事实不清，证据不足，而且公安局依据的鉴定结论作出程序违法，请求依法撤销。

某市法院经审理认为，被告某市公安局是在3月1日接到报案后立案，但受害人李某的法医检验证明书却是在受理该案件前的2月27日作出的，

该鉴定严重违背了治安行政案件的程序，即应当接案后再委托鉴定部门作出鉴定的程序。因此被告的行政处罚事实不清，证据不足，不符合法定程序，应予撤销。最后，法院根据《行政诉讼法》的相关规定，作出了撤销被告某市公安局作出的行政处罚决定的判决。

权利解析

行政诉讼的起诉权，是指公民要求人民法院对行政主体的行政行为予以审查和裁判，得以保护自己合法权益的权利。具体方式，就是行政相对人不服行政主体（包括行政机关和法律、法规授权的组织）的行政行为时，可依法向人民法院提起行政诉讼请求。

根据《行政诉讼法》第二条的规定，公民、法人或者其他组织认为行政机关的行政行为侵犯其合法权益，有权向人民法院提起行政诉讼。所谓行政行为是国家行政机关依法就特定事项对特定的公民、法人和其他组织权利义务作出的单方行政职权行为，如交警对违反交通规则的司机进行处罚、工商局对不符合经营条件的商户吊销经营许可证等。

实践中，有些法院以行政案件须先经行政复议为由拒绝受理公民的行政诉讼，致使公民欲诉无门，这是错误的。根据《行政诉讼法》的规定，除了法律有特别规定的案件外，公民有选择直接向法院起诉的权利。

具体到本案，某市公安局对王某作出行政拘留 10 日的行政处罚正是一种具体行政行为。王某对某市的行政处罚决定不服，根据《行政诉讼法》的相关规定，他既可以向某市公安局的上级机关，即郑州市公安局申请行政复议，也可以直接向某市人民法院提起行政诉讼。当然，他也可以在申请复议后再提起行政诉讼。

权利依据

《中华人民共和国行政诉讼法》

第二条　公民、法人或者其他组织认为行政机关和行政机关工作人员的行政行为侵犯其合法权益，有权依照本法向人民法院提起诉讼。

第十二条　人民法院受理公民、法人或者其他组织提起的下列诉讼：

（一）对行政拘留、暂扣或者吊销许可证和执照、责令停产停业、没收违法所得、没收非法财物、罚款、警告等行政处罚不服的；

（二）对限制人身自由或者对财产的查封、扣押、冻结等行政强制措施和行政强制执行不服的；

（三）申请行政许可，行政机关拒绝或者在法定期限内不予答复，或者对行政机关作出的有关行政许可的其他决定不服的；

（四）对行政机关作出的关于确认土地、矿藏、水流、森林、山岭、草原、荒地、滩涂、海域等自然资源的所有权或者使用权的决定不服的；

（五）对征收、征用决定及其补偿决定不服的；

（六）申请行政机关履行保护人身权、财产权等合法权益的法定职责，行政机关拒绝履行或者不予答复的；

（七）认为行政机关侵犯其经营自主权或者农村土地承包经营权、农村土地经营权的；

（八）认为行政机关滥用行政权力排除或者限制竞争的；

（九）认为行政机关违法集资、摊派费用或者违法要求履行其他义务的；

（十）认为行政机关没有依法支付抚恤金、最低生活保障待遇或者社会保险待遇的；

（十一）认为行政机关不依法履行、未按照约定履行或者违法变更、解除政府特许经营协议、土地房屋征收补偿协议等协议的；

（十二）认为行政机关侵犯其他人身权、财产权等合法权益的。

除前款规定外，人民法院受理法律、法规规定可以提起诉讼的其他行政案件。

行政诉讼中的辩论权

——辩论权是原告在行政诉讼中与被告对抗的保障

案例背景

赵某自 2007 年起一直承包村里的一个鱼塘，并按照村里的要求每年及时上交承包费。由于赵某养鱼技术好，再加上近年来鱼价大涨，赵某的鱼塘每年都为他带来丰厚的收益。2013 年，赵某的鱼塘又为他赚了 1 万多块，这使同村的张某十分嫉妒。张某的舅舅范某在乡里当乡长，张某就去找他舅舅，希望舅舅帮他把赵某承包的鱼塘转由他承包。于是，范某就用乡政府的名义，收回了赵某的承包资格，将鱼塘给张某承包。赵某不服，认为自己从没有拖欠承包费，并且多年来鱼塘一直是由自己承包的，乡政府无权收回自己的承包权，于是向县政府申请行政复议，但县政府维持了乡政府的决定。赵某仍然不服，于 2014 年 3 月 8 日向县人民法院提起行政诉讼，请求法院判决乡政府撤销收回其鱼塘承包权的行政决定。

在庭审过程中，由于被告是乡政府，出庭的又是乡长，面对父母官，赵某心生胆怯，不敢和乡长辩论，也没能充分地提出自己的诉讼主张和理由，结果一审败诉。赵某对判决结果不服，向市中级人民法院提起了上诉，在二审中，赵某认识到了辩论的重要性，于是聘请了敢言善辩的律师吴某担任自己的诉讼代理人。在庭审中，吴某代表赵某就案件的事实和争议问题提出了自己的主张，并对被告的观点进行了反驳，充分行使了辩论权。其诉讼主张和理由最终被合议庭采纳，二审法院判决赵某胜诉，赵某的合法权益得到了维护。

权利解析

行政诉讼中的辩论权，是指在行政诉讼中原告有权就案件争议的事实和其他问题，陈述自己的主张和事实根据，并对被告进行反驳，以维护自己合法权益的权利。行政诉讼中的辩论权是行政相对人作为弱势群体与行政主体予以对抗的有力武器，法律应当充分保障行政相对人辩论权的实施。凡是作为定案根据的证据，必须经过当事人的辩论和质证。在"民告官"的行政案件中，辩论权对于原告意义十分重大。原告相对于行政机关处于弱势地位，法律赋予原告辩论权，就是为原告提供一个和被告在法庭上平等对抗的权利，这为原告充分表达意志，实现原告的合法权益提供了保障。

在司法实践中，有的法官在庭审过程中出于种种目的，阻止原告发言或者粗暴打断原告与被告的辩论。这是对原告辩论权的严重侵犯，可能造成法庭作出对原告不公正的判决。这时，原告有权指出庭审法官的错误，主张自己的辩论权，必要的时候还可以向法院院长提出控告。如果由于原告被剥夺辩论权而导致法院作出对其不公正的判决，原告有权以程序违法为由申请再审。

具体到本案，赵某在一审中不敢行使自己的辩论权，致使法庭没能查清案件事实，作出了不利于自己的判决。在二审中，赵某聘请了律师，在庭审中充分辩论，才使得二审法院对案件进行了改判。这充分显示了辩论权对于案件审判的重要性。另外，辩论权并不必须要原告本人行使，原告可以委托诉讼代理人代替自己发表辩论意见，本案中赵某聘请律师代为行使辩论权就是一个例证。

权利依据

《中华人民共和国行政诉讼法》
第十条　当事人在行政诉讼中有权进行辩论。

申请停止行政行为执行权
——原告请求停止被诉行政行为的权利

案例背景

华夏百货公司2012年9月12日独资开办了一家"新世纪"婚纱摄影楼。影楼的全部资产归华夏百货公司所有，百货公司也直接行使着领导权和管理权，影楼不具有独立法人资格，所得利润全部上交百货公司。2013年4月9日，市商业局作出决定，将"新世纪"婚纱摄影楼从华夏百货公司独立出来，并入新世界影楼，并向市工商管理局申请吊销了"新世纪"婚纱摄影楼的营业执照。华夏百货公司认为，商业局无权擅自将自己独资的"新世纪"婚纱摄影楼并入新世界影楼，商业局的这一行政决定已经侵犯了自己的经营自主权和财产权。

2013 年 5 月 20 日，华夏百货公司向商业局所在的 A 区人民法院提起行政诉讼，请求法院撤销商业局的行政行为，同时申请法院裁定停止执行商业局的行政决定。A 区人民法院根据原告的申请，经过审查认为商业局的行政行为侵犯了原告的经营自主权和财产权，作出了停止执行被告这一行政决定的裁定。

权利解析

所谓申请停止行政行为执行权是指原告或者利害关系人对行政机关正在执行的对自己不利的被诉行政行为，有申请人民法院裁定停止执行的权利。当然，申请停止执行，得满足一定的条件，如果条件具备，则法院不得拒绝作出裁定。根据《行政诉讼法》第五十六条的规定："诉讼期间，不停止行政行为的执行。但有下列情形之一的，裁定停止执行：（一）被告认为需要停止执行的；（二）原告或者利害关系人申请停止执行，人民法院认为该行政行为的执行会造成难以弥补的损失，并且停止执行不损害国家利益、社会公共利益的；（三）人民法院认为该行政行为的执行会给国家利益、社会公共利益造成重大损害的；（四）法律、法规规定停止执行的。"

根据本案的情况，市商业局未经原告华夏百货公司的同意，擅自将原告的附属企业"新世纪"影楼分离出去，并将其并入其他企业，侵犯了华夏百货公司的经营自主权和财产权，如果不停止执行，必然给华夏百货公司的正常经营造成重大影响。另外，停止执行商业局的行政决定，也并不会损害国家利益、社会公共利益，因此法院作出停止商业局行政决定的执行的裁定是正确的。

这个案例说明，行政相对人对行政机关不合理的行政决定并非只能忍气吞声，必要的时候，他们也能说"不"。

权利依据

《中华人民共和国行政诉讼法》

第十二条 人民法院受理公民、法人或者其他组织提起的下列诉讼：

（一）对行政拘留、暂扣或者吊销许可证和执照、责令停产停业、没收违法所得、没收非法财物、罚款、警告等行政处罚不服的；

……

（七）认为行政机关侵犯其经营自主权或者农村土地承包经营权、农村土地经营权的；

……

第五十六条 诉讼期间，不停止行政行为的执行。但有下列情形之一的，裁定停止执行：

（一）被告认为需要停止执行的；

（二）原告或者利害关系人申请停止执行，人民法院认为该行政行为的执行会造成难以弥补的损失，并且停止执行不损害国家利益、社会公共利益的；

（三）人民法院认为该行政行为的执行会给国家利益、社会公共利益造成重大损害的；

（四）法律、法规规定停止执行的。

当事人对停止执行或者不停止执行的裁定不服的，可以申请复议一次。

选择先行复议权

——对于有些案件，是否选择复议是公民的权利

2012年3月5日，刘某和几个朋友到某酒吧喝酒。刘某几人素有吸毒恶习，在喝酒间隙，刘某提出去弄点毒品吸吸，其他几个人都表示同意。于是刘某就到经常在该酒吧卖毒品的白某处购买了一包毒品。在刘某等人正在包房吸食毒品时，正好被执行任务的县公安局民警查获。县公安局根据《治安管理处罚法》，对刘某非法买卖毒品、非法吸食毒品的行为分别处于罚款2000元和拘留15天的行政处罚，并将两份处罚决定书送达给刘某。处罚决定书中载明，如不服处罚决定，可在5日内向上一级公安机关申请行政复议或3个月内直接向人民法院提起诉讼。

刘某接受处罚后，于2012年6月28日，以自己的行为只属于吸食毒品，不属于买卖毒品，县公安局违反了《行政处罚法》规定的对当事人的同一违法行为不能给予两次以上处罚为由，向人民法院提起诉讼，请求法院撤销县公安局对自己作出的罚款2000元的处罚决定。

权利解析

所谓选择先行复议权是指在有些案件中，公民对行政机关作出的行为不服时，有权选择先向行政机关申请行政复议，对复议决定不服，再向法院起

诉的权利。是否选择申请复议是公民的权利，除了法律规定的复议前置案件，公民当然也可以选择不经复议直接向法院起诉。目前我国法律规定的行政复议前置只有以下八种情形：

（1）对国务院部门或者省、自治区、直辖市人民政府的具体行政行为不服的，向作出该具体行政行为的国务院部门或者省、自治区、直辖市人民政府申请行政复议。对行政复议决定不服的，可以向人民法院提起行政诉讼；也可以向国务院申请裁决，国务院依照法律的规定作出最终裁决。

（2）公民、法人或其他组织认为行政机关的行政行为侵犯其已经依法取得的土地、矿藏、水流、森林、山岭、草原、荒地、滩涂、海域等自然资源的所有权或者使用权的，应当先申请行政复议；对行政复议决定不服的，可以依法向人民法院提起行政诉讼。

（3）纳税人、扣缴义务人、纳税担保人同税务机关在纳税上发生争议时，必须先依照税务机关的纳税决定缴纳或者解缴税款及滞纳金或者提供相应的担保，然后可以依法申请行政复议。

（4）被审计单位对审计决定不服的，应当在收到审计决定之日起15日内先向上一级审计机关申请复议，不能直接向人民法院起诉，这就是审计行政复议前置的规定。

（5）治安管理处罚，上级公安机关裁决前置。

（6）专利复审委员会复审前置。

（7）工伤保险案件。国务院《工伤保险条例》第五十五条规定，有下列情形之一的，有关单位或者个人可以依法申请行政复议，也可以依法向人民法院提起行政诉讼：申请工伤认定的职工或者其近亲属、该职工所在单位对工伤认定申请不予受理的决定不服的；申请工伤认定的职工或者其近亲属、该职工所在单位对工伤认定结论不服的；用人单位对经办机构确定的单位缴费费率不服的；签订服务协议的医疗机构、辅助器具配置机构认为经办机构未履行有关协议或者规定的；工伤职工或者其近亲属对经办机构核定的工伤保险待遇有异议的。

(8) 对价格违法的处罚。《价格违法行为行政处罚规定》第十六条规定：经营者对政府价格主管部门作出的处罚决定不服的，应当先依法申请行政复议；对行政复议决定不服的，可以依法向人民法院提起诉讼。

除以上八种复议是必经程序的案件外，其他案件复议均不是必经程序，公民有权自主选择复议或者起诉。

具体到本案，刘某对县公安局的处罚决定不服，有两种选择：一是先向县公安局的上级机关，即市公安局申请行政复议，如果对复议结果不服，再向法院提起行政诉讼；二是直接向法院提起行政诉讼。本案中刘某选择了直接向人民法院提起行政诉讼，这当然也是可以的，但这意味着刘某放弃了自己的选择先行复议权。对复议结果不服可以再提起行政诉讼，但是对法院判决不服却不能再申请行政复议。

选择先行复议权是公民的一项不可剥夺的权利，除法律、法规的个别条文规定必须先经过复议才能提起诉讼和只能复议不能诉讼的情况外，公民有自由选择复议或诉讼的权利，行政机关和人民法院不能拒绝受理。

权利依据

《中华人民共和国行政诉讼法》

第四十四条 对属于人民法院受案范围的行政案件，公民、法人或者其他组织可以先向行政机关申请复议，对复议决定不服的，再向人民法院提起诉讼；也可以直接向人民法院提起诉讼。

法律、法规规定应当先向行政机关申请复议，对复议决定不服再向人民法院提起诉讼的，依照法律、法规的规定。

第四十七条第一款 公民、法人或者其他组织申请行政机关履行保护其人身权、财产权等合法权益的法定职责，行政机关在接到申请之日起两个月内不履行的，公民、法人或者其他组织可以向人民法院提起诉讼。法律、法规对行政机关履行职责的期限另有规定的，从其规定。

《中华人民共和国行政处罚法》

第六条　公民、法人或者其他组织对行政机关所给予的行政处罚，享有陈述权、申辩权；对行政处罚不服的，有权依法申请行政复议或者提起行政诉讼。

《中华人民共和国行政复议法》

第十九条　法律、法规规定应当先向行政复议机关申请行政复议、对行政复议决定不服再向人民法院提起行政诉讼的，行政复议机关决定不予受理或者受理后超过行政复议期限不作答复的，公民、法人或者其他组织可以自收到不予受理决定书之日起或者行政复议期满之日起十五日内，依法向人民法院提起行政诉讼。

请求追究违法人员责任权

——原告请求追究行政人员法律责任的权利

案例背景

2013 年 4 月 27 日晚，某派出所集中清查文化、娱乐场所时，怀疑镇上的歌舞厅服务小姐陶某与县磷氨厂一职工有卖淫嫖娼行为，遂将二人带回派出所留置盘问。28 日下午，派出所组织人员进行讯问，陶某始终否认与他人发生了性关系，更没有金钱交易。某派出所副所长邓某恼羞成怒，恶语相加，首先对陶某实施殴打，并放任联防队员赵某等人猛踢陶某的头部，陶某当场出现头痛、呕吐等症状。29 日上午，见实在逼问不出有价值的证词，加之陶某伤势过重，派出所才将其送到医院抢救。因抢救无效，陶某于当晚 10 时死亡。死者家属要求查明死因，追究相关责任人员。后经法医鉴定，陶某右侧头部钝性损伤，脑部硬膜血肿压迫脑组织引起生命中枢功能衰竭死亡。

2013 年 7 月 6 日，陶某的丈夫廖某来到最高人民检察院，递交了《请求立案侦查申请书》，向最高人民检察院领导反映妻子是经过自己同意去娱乐场所工作的，是良家妇女。同年 7 月 25 日，最高人民检察院控告厅将此案有关材料移至某省人民检察院，检察长迅速指示将此案移交某市检察院，并两次督办，指令某市检察院要敢于监督，抓紧时间直接立案查办，限期将结果上报省检察院。某市检察院和县检察院重新调整侦查力量，克服重重困难，以涉嫌暴力取证罪立案，通过强有力的侦查措施，很快查清了案件的真实情况，并分别以涉嫌玩忽职守罪和故意伤害罪将某县镇上的派出所副所长邓某和派出所联防队员赵某逮捕。2014 年 5 月 20 日，某市某县人民法院一审判决：邓某被判处有期徒刑 1 年，赵某被判处有期徒刑 12 年。

权利解析

所谓请求追究违法人员责任权是指原告有权请求司法机关追究违法的行政机关工作人员责任的权利。在行政诉讼中，被告是作出行政行为的行政机关，但直接责任人员也必须负相应的法律责任。如果直接责任人员未被追究，则原告有权请求司法机关进行追究。根据《行政诉讼法》第六十六条第一款的规定，人民法院在审理行政案件中，认为行政机关的主管人员、直接责任人员违法违纪的，应当将有关材料移送监察机关、该行政机关或者其上一级行政机关；认为有犯罪行为的，应当将有关材料移送公安、检察机关。一般情况下，违法行政机关承担责任的主要方式是行政赔偿。对于违法行政机关的直接责任人员，则根据他的违法情节分别处理：如果仅是违纪，由公务员主管部门或上级机关给予政纪处分；如果构成犯罪，则由司法机关依法追究刑事责任。

就本案而言，作为一个行政诉讼案件，被告应当是作出具体行政行为的某县派出所的上级机关某县公安局。但是，对于直接造成陶某死亡的直接责任人员邓某和赵某，根据《行政诉讼法》第六十六条第一款的规定，人民法院在审理行政案件的过程中，应当将他们的有关材料移送公安、检察机关追究他们的刑事责任。在实践中，由于种种原因，作为行政机关主管人员及行政行为的直接责任人员在工作中有违纪、违法行为的，被追究责任的很少。在这种情况下，原告就有权主动请求司法机关追究违法人员的责任。本案中的廖某通过直接向最高人民检察院反映案情的方法，就是对自己这一权利的积极行使。

权利依据

《中华人民共和国行政诉讼法》

第六十六条第一款 人民法院在审理行政案件中，认为行政机关的主管人员、直接责任人员违法违纪的，应当将有关材料移送监察机关、该行政机关或者其上一级行政机关；认为有犯罪行为的，应当将有关材料移送公安、检察机关。

要求人民法院在法定期限内审结行政案件权

——法院必须在法律规定的审理期限内审结行政案件

案例背景

　　2013年3月12日，某区工商局干部任某下班路经集贸市场，从个体摊贩汪某处买了1箱苹果。任某回到家中发现有几个苹果是烂的，于是返回市场找到汪某要求换。汪某以苹果是降价出售为由不给换，两个人吵了起来。这时，任某向汪某表明自己是工商局干部，如果不给换，以后就别想再在此卖东西。汪某对任某的话未加理睬，仍然大吵。任某恼怒，上前与汪某厮打起来。后被闻讯赶来的公安人员制止。事后经医院诊断，任某属轻微脑震荡。对此事件，区公安局认为，汪某属于妨碍执行公务的违法行为，根据《治安管理处罚法》第五十条的规定，作出拘留10天的处罚决定，并责令汪某赔偿任某的全部医药费200元。

　　汪某对公安局的处罚决定不服，于2013年4月3日将本案起诉到区人民法院。区人民法院立案后，迟迟不对该案开庭审判。到11月23日，汪某实在等不及就到法院找主办该案的法官李某，问他为什么到现在还不开庭。李某推说最近案件实在太多，忙不过来，让汪某再等等。2013年12月3日，汪某打电话问他在某大学读法律的表弟谢某法院一直拖着不开庭怎么办？谢某根据自己所学法律知识认为，法院的做法已经违反了《行政诉讼法》第八十一条关于审限的规定，于是替汪某起草了一份要求法院在法定期限内审结案件的申请书。此举果然很有效，2013年12月5日，汪某就接到了法院将在两天后开庭的通知。

权利解析

所谓要求人民法院在法定期限内审结行政案件权是指原告有权请求法院在法定期限内审结自己的行政案件的权利。根据《行政诉讼法》第八十一条，人民法院应当在立案之日起 6 个月内作出第一审判决。有特殊情况需要延长的，由高级人民法院批准，高级人民法院审理第一审案件需要延长的，由最高人民法院批准。人民法院审理行政案件，要严格遵照上述审限规定，不能随意拖延。司法实践中，有些法院以种种理由对某些行政案件久拖不判，使原告的合法权益得不到维护。如果法院超过审限仍未对自己的行政案件作出判决，则原告有权请求法院尽快开庭审理，并有权向法院院长或上级法院提出控告。

具体到本案，根据《行政诉讼法》第八十一条"人民法院应当在立案之日起 6 个月内作出第一审判决"的规定，法院本应对汪某的案件最迟在 10 月 3 日作出判决，但法院在立案后长达 7 个月都没有开庭，这是对汪某权利的侵犯，汪某有权请求法院在法定期限内审结自己的案件。

权利依据

《中华人民共和国行政诉讼法》

第八十一条 人民法院应当在立案之日起六个月内作出第一审判决。有特殊情况需要延长的，由高级人民法院批准，高级人民法院审理第一审案件需要延长的，由最高人民法院批准。

第八十八条 人民法院审理上诉案件，应当在收到上诉状之日起三个月内作出终审判决。有特殊情况需要延长的，由高级人民法院批准，高级人民法院审理上诉案件需要延长的，由最高人民法院批准。

法律援助权

——为经济困难的当事人提供法律援助是国家的法定义务

14 岁的湖北少女可盼报名参加了北京涉外经济学院中法国际时尚学院国际礼仪模特班的学习。学院放暑假时通知学生于当年 8 月 15 日开学。北京涉外经济学院因校园内施工，决定推迟开学日期至 9 月 1 日。8 月 10 日，北京涉外经济学院将"推迟开学通知"通过邮局用平信方式邮寄给学生。北京涉外经济学院给可盼寄出的信件于 8 月 13 日 17 时才到达黄冈市邮局。可盼由于没有收到被告邮寄的"推迟开学通知"，8 月 14 日，可盼就乘火车赶往学院。到学院后，院长给可盼及另外一名同学殷敏打开宿舍门，让其住进宿舍。

8 月 21 日 17 时，可盼自行在校外乘坐一辆摩托车行至距离北京大学昌平分校约 200 米处时，摩托车撞在水泥柱上，造成驾驶人和乘车人可盼死亡。由于无照驾驶摩托车者也当场死亡，公安部门无法对此次车毁人亡的事故作出任何处理结论。事故发生后，可盼的父母多次找校方协商赔偿事宜未果，只能进京诉讼。黄冈市法律援助中心得知此事，指派倪律师进京为死者父母提供法律援助。

此案在北京市昌平区法院开庭审理。倪律师在法庭上举证说明了学校推迟开学的通知邮寄太晚而导致可盼提前到校，因此对于来到学校的死者应尽到监护义务。而学校未履行义务，导致死者发生意外，应承担责任。最后，法院采纳了律师意见，判决学校赔偿人民币 19 余万元。被告不服上诉，二

审法院驳回上诉，维持原判。

权利解析

所谓法律援助权是指在诉讼活动中，如果公民由于经济困难而无力承担律师费用时，有权获得国家提供的法律援助的权利。根据相关法律规定，国家提供法律援助的对象限于经济困难、无钱聘请律师的当事人，以及因为生理原因无法正常行使诉讼权利的盲、聋、哑人或者未成年人。为这些人提供法律援助，体现了公平正义的法治理念，也体现了社会的文明与进步。为困难群体提供法律援助是国家的法定义务，是国家为了保障处于弱势地位的公民获得平等的诉讼权而采取的有力措施。

具体到本案，本案的成功代理，在社会上引起强烈的反响。可盼父母在北京半年多的上访历程，花光了积蓄，他们孤立无援的心情正需要法律的威严来讨要说法。这个时候，法律援助精神的充分体现更具有现实意义，法律援助是政府和全社会推卸不了的责任和义务。本案也再次证明了，任何公民都有寻求法律帮助的权利，在社会主义中国，这项权利不是一句空话。

权利依据

《中华人民共和国刑事诉讼法》

第三十四条第一款 犯罪嫌疑人、被告人因经济困难或者其他原因没有委托辩护人的，本人及其近亲属可以向法律援助机构提出申请。对符合法律援助条件的，法律援助机构应当指派律师为其提供辩护。

第二款 犯罪嫌疑人、被告人是盲、聋、哑人，或者是尚未完全丧失辨认或者控制自己行为能力的精神病人，没有委托辩护人的，人民法院、人民检察院和公安机关应当通知法律援助机构指派律师为其提供辩护。

《法律援助条例》

第十条　公民对下列需要代理的事项，因经济困难没有委托代理人的，可以向法律援助机构申请法律援助：

（一）依法请求国家赔偿的；

（二）请求给予社会保险待遇或者最低生活保障待遇的；

（三）请求发给抚恤金、救济金的；

（四）请求给付赡养费、抚养费、扶养费的；

（五）请求支付劳动报酬的；

（六）主张因见义勇为行为产生的民事权益的。

省、自治区、直辖市人民政府可以对前款规定以外的法律援助事项作出补充规定。

公民可以就本条第一款、第二款规定的事项向法律援助机构申请法律咨询。